Das große Forscherbuch vom Körper

Mit vielen spannenden Experimenten, Spielen und Gesundheitstipps für Kinder

Vielen Dank, Fidelis, Pius, Laetitia, Clara und Justus.
Eure Neugier eröffnet täglich neue Blickwinkel auf die Welt.

SCIENCE LAB

Dieses Buch entstand in Zusammenarbeit mit Science-Lab,
Feldafing. Science-Lab ist eine gemeinnützige Bildungsein-
richtung, die auf die altersgerechte, moderne Vermittlung
naturwissenschaftlicher Inhalte in Kindergarten- und Grund-
schulalter spezialisiert ist.

www.science-lab.de

Die Tipps zur Bewegung stammen von Kathrin Straub,
Pilates-Zentrum Starnberg.

Sonja Stuchtey · Patrick Baeuerle

Das große Forscherbuch vom Körper

Mit vielen spannenden Experimenten, Spielen und Gesundheitstipps für Kinder

Arena

Inhalt

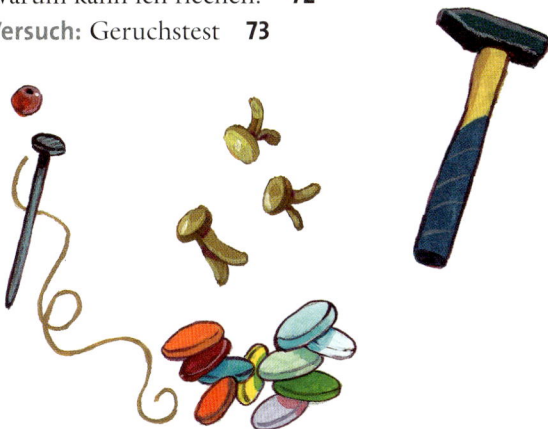

Liebe Eltern und Großeltern, liebe begeisterte Begleiter der kleinen „Wissenwoller",

sie beginnt schon bei der Entdeckung des großen Zehs auf der Wickelkommode und hört eigentlich nie auf – die Faszination des menschlichen Körpers. Wir lernen Purzelbaum schlagen, tasten, riechen, schmecken und entdecken die kleinen und großen Unterschiede zwischen den Menschen. Und nichts von alldem ist für Kinder selbstverständlich.

Nicht umsonst steht das Arztspiel ganz oben auf der Liste der Lieblingsspiele im Kindergarten und in der Grundschule. Sie wollen alles ganz genau wissen, die kleinen Wissenschaftler, und treiben uns Große oft an den Rand unserer Kenntnisse: „Warum habe ich schon wieder Schluckauf?", „Woher kommt der Schnupfen?", „Was passiert unter der Kruste?".

Als Begleiter des unbändigen Forscherdrangs Ihres Kindes sind Sie täglich gefordert. Kinder im großen „Warum-Alter" sind von sich aus motiviert, zu lernen und Zusammenhänge zu entdecken. Dabei ist ganz wichtig: Kinder wollen sich ihre Welt **selbst** erschließen! Es darf nicht das Ziel sein, ihnen unser Erwachsenenwissen möglichst früh überzustülpen. Vielmehr müssen wir als Erwachsene lernen, aufmerksam hinzuhören, was unsere Kinder gerade beschäftigt. So können wir an die Erfahrungen und das vorhandene Wissen unserer Kinder anknüpfen und Lernen mit Lust ermöglichen.

Denn immer wenn neue Beobachtungen und Erkenntnisse mit bestehendem Wissen verknüpft werden können, verstehen wir sie wirklich und sie werden nachhaltig „abgespeichert". Und das mit Freude! Dies gilt für Kinder wie für Erwachsene.

Was heißt das nun konkret?

Gehen Sie von sich selbst aus. Interessant sind Fragen, mit denen man sich identifizieren kann. Greifen Sie also Fragen auf, die Ihr Kind stellt. Oder bieten Sie selbst Fragen an. Durch Alltagsbeobachtungen drängen sich ebenfalls oft Fragen auf. So haben die meisten Medikamentenverpackungen eine Prägung in Brailleschrift. Was bedeuten nun diese Punkte im Karton? Oder auf den Knöpfen im Aufzug?

Beantworten Sie solche Fragen nicht gleich! Geben Sie Ihrem Kind Raum und vor allem Zeit, seine eigenen Ideen und Gedanken zu formulieren.

Es ist wirklich verblüffend, mit wie vielen guten Hypothesen die Kinder aufwarten. Danach ist der Zeitpunkt, gemeinsam zu prüfen, ob die gesammelten Ideen uns weiterhelfen. Verstehen Sie dieses Buch als Anregung, als Impuls und nicht als Lehrbuch. Sie finden auf den folgenden Seiten Themen und Fragen, die für die jeweilige Altersgruppe typisch und wichtig sind. Die Altersangaben oben links auf den Seiten helfen Ihnen bei der Einordnung. Die Experimente, Spiele, Geschichten und Lieder sind Möglichkeiten, das gemeinsame Forschen zu bereichern und aus verschiedenen Perspektiven zu beleuchten. Besonders die Geschichten regen Kinder auf einer eher emotionalen Ebene dazu an, über die Zusammenhänge des Körpers nachzudenken. Denn: Viele Wege führen nach Rom und viele Zugänge schaffen die ganz persönliche Verbindung zum Vorwissen und den ganz individuellen Weg, Wissen zu erwerben und zu vertiefen. Die Versuche sollte Ihr Kind natürlich unbedingt selbst durchführen.

Das, was Sie als Erläuterungen unter der Rubrik „Für Eltern" finden, ist wirklich für Sie als Erwachsene gedacht oder für Kinder, die schon weiterfragen. Es **muss** den Kindern nicht vermittelt werden. Für die Kinder genügt oft die bewusste Beobachtung und eine erste, vorsichtige Annäherung an die Zusammenhänge. **Dabei ist weniger mehr!** Lassen Sie sich und Ihrem Kind die Zeit, wirklich genau zu beobachten, zu hinterfragen und zu begreifen. Es braucht Zeit, die Eindrücke zu verdauen und mit anderen Eindrücken zu vergleichen und zu vernetzen. Wenn Sie erst einmal mit der gemeinsamen Forscherreise begonnen haben, sind der Fantasie keine Grenzen gesteckt. Sie werden immer mehr Fragen und Wege zum Forschen finden und jeden Tag etwas Neues entdecken.

Wir wünschen viel Spaß dabei!

Hallo!

Bist du auch neugierig? Willst du immer ganz viel wissen? Dann bist du bestimmt ein Forscher. Lisa und Felix freuen sich darauf, gemeinsam mit dir zu forschen. Damit da nichts passiert, muss man sich beim Forschen an ein paar Regeln halten.

Forscherregeln
für große und kleine Forscher

1. Beim Experimentieren nichts essen.

2. Beim Experimentieren nichts trinken.

3. Nichts in den Mund nehmen.

4. Nur experimentieren, wenn ein Erwachsener dabei ist.

5. Kerzen dürfen nur Erwachsene anzünden.

6. Vorsicht mit Essig und Zitronensaft. Nicht in die Nähe der Augen kommen lassen.

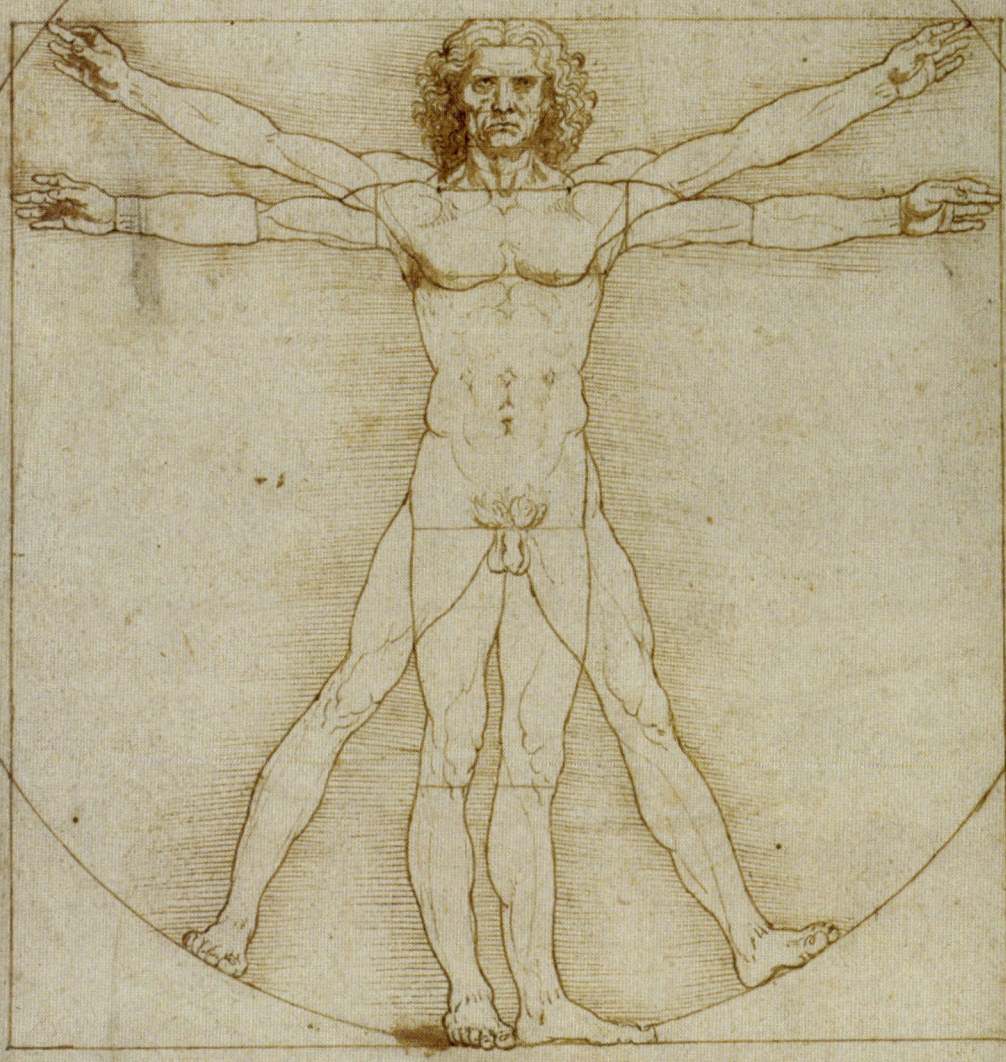

Mein Körper

Was gehört zu meinem Körper?

Hast du dir deinen Körper schon einmal genauer angesehen? Auch schon einmal gemalt? Bestimmt. Vielleicht so wie Felix und Lisa: Punkt, Punkt, Komma, Strich – fertig ist das Mondgesicht. Und wie sehen deine Haare aus und deine Augen? Stelle dich vor einen Spiegel und schaue genau hin.

Lisa und Felix malen sich selbst.

Auf den Bildern sieht man gar nicht, dass deine Augen braun und meine blau sind.

Dafür kann man meine Locken gut erkennen. Da bleibt der Kamm immer drin hängen.

Ah, ich hab vergessen, meinen Pipimann zu malen. Mit dem kann ich in hohem Bogen pieseln.

Den hab ich zwar nicht, kann ihn mir aber auch nicht im Reißverschluss einklemmen. Mein Pipi kommt aus einem Schlitz.

Zum Staunen

Leonardo da Vinci

Leonardo da Vinci lebte vor über 500 Jahren und war ein bedeutender Maler. Er hat unter anderem die berühmte Mona Lisa geschaffen. Außerdem war er ein ganz begeisterter Forscher. Er beobachtete z. B. die Vögel und ihren Flug. Was er gerade erforschte, zeichnete er sehr genau mit vielen winzigen Kleinigkeiten. Besonders fasziniert war er vom Menschen. Er wollte alles über den menschlichen Körper wissen und zeichnete das Knochengerüst und die Organe. Dabei interessierten ihn auch die Proportionen, das ist das Verhältnis von Größen zueinander.

Da Vinci zeichnet einen Mann so, dass er mit ausgestreckten Armen und Beinen genau ein Quadrat aufspannt, das ist ein Viereck mit vier gleich langen Seiten. Entdeckst du es auf dem Bild? Prüfe das doch mal bei dir und deiner Familie. Wie lang ist die Strecke von den Fingerspitzen der rechten zu den Fingerspitzen der linken ausgestreckten Hand? Genauso lang wie die Person? Und siehst du den Kreis? Der ist genau um den Nabel gezeichnet und wird von den Finger- und Fußspitzen des Mannes berührt. So, meinte Leonardo da Vinci, müsste ein perfekt gewachsener Mensch aussehen. Das hatte er bei einem alten Römer abgeguckt, einem Architekten mit Namen Vitruvius.

Mein Körpermodell

Wie sieht mein Körper aus?

Das brauchst du:
- großes Papier oder Papierrolle
- Stift

Breite das Papier so auf dem Boden aus, dass du dich auf dem Rücken gut hinlegen kannst. Nun malt ein Helfer die Konturen, das sind die Umrandungen deines Körpers, auf das Papier, indem er mit dem Stift um deinen ausgestreckten Körper herumfährt. Am besten streckst du Beine und

Arme ein wenig weg vom Körper. Auch die Finger solltest du schön spreizen, dann gelingt das Bild am besten.

Dieses Modell wirst du auf deiner Forscherreise durch den Körper immer brauchen, um es zu füllen und zu verfeinern. Hänge es am besten an eine freie Wand oder die Rückseite einer Tür – dort, wo du es auch eine Weile hängen lassen kannst.

Der Körper – eine Burg?

Wieso ähnelt der menschliche Körper einer Burg? Hast du eine Idee? Eine Burg besteht aus festen Mauern, großen Türmen und vielen Rittern. Jeder Teil dieses großen Bauwerks hat eine bestimmte Aufgabe, genauso wie jeder Körperteil auch.

Zum Basteln

Eine Burg bauen

Das brauchst du:
▸ leere Toiletten-
papierrollen ▸ Klebstoff

Du kannst dir ganz einfach selbst eine tolle Burg bauen. Mache dich auf die Suche nach leeren Toilettenpapierrollen und überlege dir, wie deine Burg aussehen soll. Danach kannst du sie zurechtschneiden, zusammenkleben und anmalen, wenn du magst.

Vor allem im Mittelalter haben die Menschen Burgen gebaut. Auch in Deutschland gibt es viele solcher Burganlagen. Hast du schon mal eine gesehen? Überlege doch mal, welche Aufgaben die verschiedenen Bestandteile der Burg übernommen haben könnten. Die Mauer diente ihren Bewohnern beispielsweise als Schutz gegen Angreifer. Und was schützt den menschlichen Körper nach außen? Was meinst du?

Wie ist mein Körper nach außen geschützt?

Wozu dient die Mauer einer Burg? Zum Schutz vor Angreifern, ganz richtig, und vor Wind und Wetter. Unser Körper ist auch durch eine solche Art Mauer geschützt. Was könnte das sein? Die Kleidung, na klar. Fällt dir noch was ein?

Unsere Außenmauer ist die Haut. Sie schützt unseren Körper, zum Beispiel vor Regen, Schnee und Wind.

Und wovor noch? Natürlich vor der Sonne. Aber warum müssen wir uns vor der Sonne schützen? Wir brauchen zwar Licht, aber in Maßen. Zu viel Sonnenstrahlen sind ungesund. Dagegen hat die Haut verschiedene Schutzmethoden, zum Beispiel dunkle Farbe. Deshalb haben Menschen aus sehr sonnigen Regionen eine besonders dunkle Haut.

Versuch

Sonnenbilder auf der Haut

Das brauchst du:
- Aufkleber oder Papier
- Bleistift
- Schere

Hast du Aufkleber in verschiedenen Formen? Sterne, Früchte oder lustige Tiere? Du kannst dir auch selbst Formen aus Papier oder Adressaufklebern ausschneiden.

1. Klebe einen oder zwei Aufkleber auf deinen Arm, wenn du einen Spaziergang bei Sonnenschein machen kannst. Es sollte so warm sein, dass du keine Jacke brauchst und der Arm unbedeckt bleibt.

2. Nach dem Spaziergang ziehst du die Klebebilder wieder ab. Kannst du etwas auf deinem Arm sehen? Hat der Aufkleber ein Muster auf deiner Haut hinterlassen und ist dieses Muster heller als die Haut außen herum?

Dann hat deine Haut auf das Sonnenlicht reagiert und sich etwas dunkler gefärbt. Das ist ein natürlicher Schutzmechanismus der Haut gegen das Sonnenlicht.

VORSICHT! Zu viel Sonnenlicht färbt die Haut nicht dunkler, sondern rot. Das nennt man dann Sonnenbrand. Und dieser schadet der Haut. Genau wie ein zu großer Ansturm von Ritterhorden die Burgmauern beschädigen kann, so kann zu viel Sonne auf der Haut Schäden anrichten. Deshalb ist es immer wichtig, auf Sonnenschutz zu achten: Sonnencreme, Sonnenhut, eventuell auch längere Kleidung an empfindlichen Stellen.

Wenn zu viel Sonne auf kargen Ackerboden fällt, trocknet er aus und wird rissig – so wie die Haut faltig wird, wenn sie der Sonne schutzlos ausgeliefert ist.

Woraus ist Haut gemacht?

Unsere Haut besteht wie die Mauer einer Burg aus vielen, vielen kleinen Bausteinen, den sogenannten Zellen. Auch wenn es uns gar nicht so erscheint: Die Haut ist unser größtes und schwerstes Organ. Es wiegt ca. 4 kg und ist so groß wie die Oberfläche deines Betts. Die Haut soll uns schließlich schützen – so wie die Mauer der Burg als Schutz dient.

Versuch

Eine Hautmauer bauen

Das brauchst du:
- Holzklötze oder Legosteine

Nimm eine Handvoll Holzklötze oder Legosteine und baue daraus eine Mauer. Und dann nimmst du wieder eine Handvoll Steine und baust eine andere Mauer. Vielleicht hilft dir ja auch ein Freund oder eine Freundin dabei.

Was ist wichtig, damit du eine schöne, glatte Mauer erhältst? Wie wird sie stabil? Und was unterscheidet die beiden Mauern voneinander? Sie haben vielleicht unterschiedliche Farben oder sind unterschiedlich groß.

Aber alle bestehen aus Reihen von Bausteinen, die aufeinandergesteckt oder -gelegt wurden. Und wenn du kein Loch eingebaut hast, schließt jeder Stein direkt an den nächsten an. So ist das auch bei den Zellen der Haut.

Woher weiß denn eine Zelle, wie sie in die Mauer eingebaut wird? Sie hat einen Bauplan – mitten in ihrem Inneren, den Zellkern.

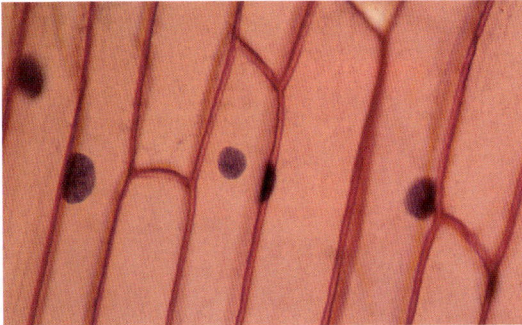

Zellen einer Zwiebel

Versuch

Eine Zelle bauen

Das brauchst du:
- durchsichtiger Gefrierbeutel (1 l)
- Weintraube
- Päckchen weiße Gelatine

1. Bereite die Gelatine mithilfe eines Erwachsenen genau nach Vorschrift auf der Verpackung mit Wasser zu.

2. Wenn sie langsam abkühlt, füllst du die Gelatine in den Gefrierbeutel und legst die Traube hinein. Dann wird der Beutel gut verschlossen, am allerbesten ver-

schweißt. Jetzt hast du ein Zellmodell mit den drei wichtigsten Bestandteilen: der Zellwand, die man Membran nennt, dem Zellkern, der alle wichtigen Informationen der Zelle enthält, und dem Zellplasma.

Es ist übrigens genau dieser Zellkern mit dem Bauplan, der vom Sonnenlicht gestört werden kann, nachdem man zu viel darin gebrutzelt hat. Wenn die Pläne durcheinandergeraten und die Mauer falsch umgebaut wird, können gefährliche Hautkrankheiten ausgelöst werden, wie z. B. Hautkrebs. Dann entsteht ein schwarzes Muttermal, das sich auffällig schnell in Größe und Aussehen verändert. Es ist wichtig, alle Muttermale regelmäßig von einem Hautarzt oder einer Hautärztin kontrollieren zu lassen.

Für Eltern

Sonnenbrand

Ein Sonnenbrand ist gefährlich und kann ganz schön schmerzhaft sein. Daran ist eine Entzündungsreaktion der Haut schuld, bei der unsere schmerzempfindenden Nervenzellen gereizt werden. Und warum schrumpelt die Haut, wenn wir einen Sonnenbrand haben? Durch das UV-Licht werden Zellen der Haut dazu angeregt, ein Enzym zu bilden, das die wichtigen Fasermatten im Bindegewebe abbaut. Dadurch verliert die Haut an Elastizität.

Warum schwillt ein Mückenstich an?

Unsere Haut schützt uns vor Wind und Wetter, aber auch vor anderen Angreifern, die wie eine Horde feindlicher Ritter in unseren Körper eindringen wollen. Wer oder was könnte das sein?

Manche Insekten, z. B. Mücken, dringen gerne durch unsere Schutzhaut. Sie stechen Löcher hinein, um an unser Blut zu kommen. Vorher spritzen sie ihren Speichel ein. Deshalb juckt es so furchtbar und die Einstichstelle schwillt an! Aber warum machen sie das eigentlich? Finde es im nächsten Versuch selbst heraus.

Versuch

Blutverdünnung

Das brauchst du:
- 2 Becher
- 2 Strohhalme
- Honig
- Wasser

In diesem Versuch ist Trinken erlaubt.

1. Trinke einen Schluck Wasser durch einen Strohhalm. Geht das gut?

2. Nun steckst du den zweiten Strohhalm in einen Becher mit ein wenig Honig. Wie funktioniert das?

Da Honig so zäh ist und langsam fließt, lässt er sich nur ganz schwer saugen. Ähnlich ist das mit Blut. Wenn du dich verletzt, blutet es erst einmal dünnflüssig, fast wie Wasser. Ganz schnell wird das Blut zäh und verklebt. Man sagt auch: Das Blut gerinnt. Stelle dir vor, du bist eine Mücke, willst das Blut ansaugen und das beginnt zu gerinnen. Bei dem dünnen Rüssel, den Mücken haben, wird dies sehr schwierig.

3. Nun verdünne den Honig mit warmem Wasser und versuche erneut, ihn mit dem Trinkhalm zu saugen. Wie funktioniert das?

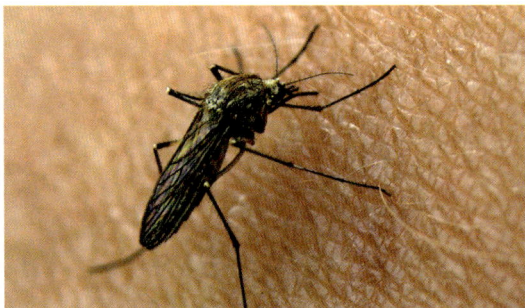

Die Natur hat den Speichel der Mücken mit einem tollen Stoff versorgt. Vor dem Saugen spritzen die Mücken ihn durch einen feinen Kanal ihres Rüssels in den Körper, bevor sie das Blut aus einem zweiten Kanal des Rüssels in sich aufnehmen. Der Stoff verhindert, dass das Blut dickflüssig wie Honig wird. Clever, oder?

Plagegeister

Auch andere kleine Tiere wie Zecken oder Läuse verletzen unsere Haut, um an unser Blut zu kommen, von dem sie sich ernähren. Gegen diese Angreifer wehren wir uns von außen. In Gegenden, in denen es viele Mücken oder Zecken gibt, bekleiden wir uns passend. Man kann sich auch mit verschiedenen Mitteln eincremen, die die Plagegeister abwehren. Läuse tötet man mit einem besonderen Shampoo ab.

Was sind Viren und Bakterien?

Es gibt noch viel, viel kleinere Angreifer als Insekten. Sie sind so winzig, dass wir sie mit bloßem Auge nicht erkennen können. Mit einem Mikroskop kann man sie jedoch sichtbar machen: die Viren und Bakterien.

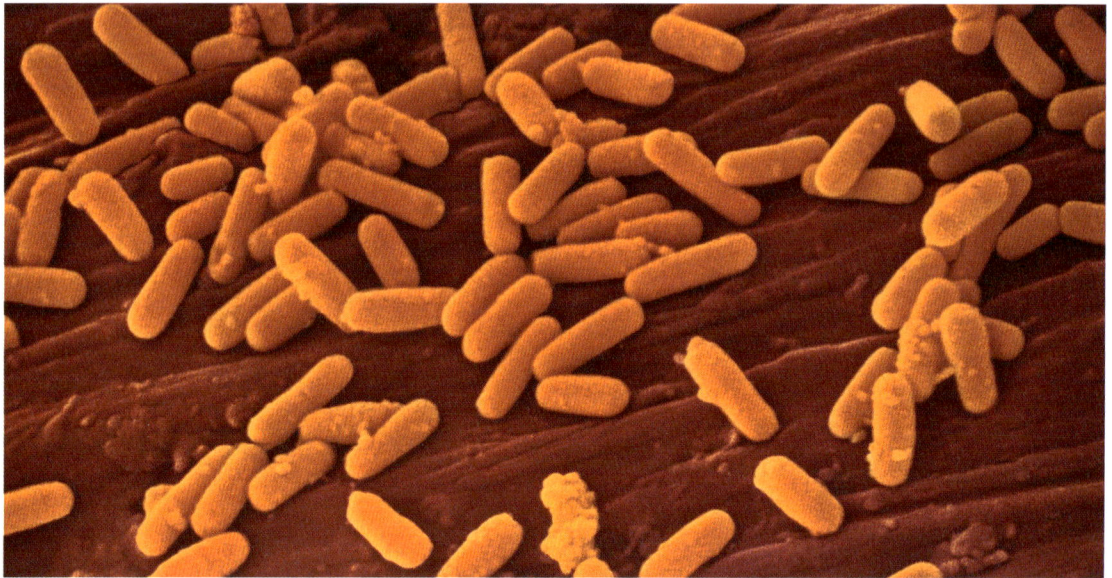

Bakterien auf einer Stecknadel

Bakterien gibt es überall:
- an Telefonhörern
- an Türklinken
- im Joghurt
- auf Geldstücken und -scheinen

Bakterien sind winzig kleine Lebewesen, die es auch außerhalb von Menschen und Tieren gibt, z. B. in Kläranlagen, wo sie unser Wasser reinigen. Viren dagegen sind gar nicht lebendig. Sie brauchen immer einen sogenannten Wirt, der sie vermehrt. Manche Bakterien sind für unseren Körper wichtig und hilfreich, andere machen uns krank. Viren in Aktion sind dagegen immer schädlich.

Gefährlich sind sie vor allem dann, wenn sie sich an einem Ort sehr schnell verbreiten. Aber wie machen sie das?

Versuch

Ausbreitung von Krankheitserregern

Das brauchst du:

- Zuckerwürfel
- Lebensmittelfarbe
- tiefer Teller
- Wasser

In den Teller füllst du so viel Wasser, dass der Boden gut bedeckt ist. Nun tropfst du auf den Zuckerwürfel einen Tropfen Lebensmittelfarbe und legst ihn dann mit dem Farbtupfer nach unten mittig in den Teller. Die Färbung steht dabei für die Bakterien oder Viren. Was kannst du sehen? Die Farbe breitet sich ganz schnell in alle Richtungen aus. Und wieso? Der Zucker löst sich im Wasser auf und verteilt sich. Dabei nimmt er die Farbe mit.

So schnell können auch Viren und Bakterien durch den Blutstrom im Körper verteilt werden. Sie vermehren sich in Windeseile und lassen sich in bestimmten Körperteilen nieder. So verursachen sie Krankheiten wie zum Beispiel Grippe in der Nase, Masern auf der Haut, Husten in der Lunge oder Durchfall im Darm.

Zum Staunen

Rasante Vermehrung

Bakterien können sich besonders rasch vermehren – einfach indem sie sich in der Mitte in zwei neue teilen. So werden aus einem Bakterium zwei, dann vier, dann acht und so weiter. Für jede Teilung brauchen sie nur 20 Minuten. Das werden dann sehr schnell sehr viele. Viren dagegen können sich nicht teilen. Sie müssen erst eine unserer Zellen überfallen und in sie eindringen, oft bis in den Zellkern. Nur dann kann ein Virus sich überhaupt vermehren. Einmal in der Wirtszelle angekommen, kann ein einziges Virus der Zelle befehlen, ganz viele neue Viren herzustellen. Diese überfallen dann wieder andere Zellen und machen den Körper so krank. Bei Grippeviren juckt und läuft die Nase und es dauert über eine Woche, bis der Körper die von Viren überfallenen Zellen in der Nase und die neu hergestellten Viren beseitigt hat. In der Zwischenzeit können wir viele Freunde anstecken. Deshalb gilt: Beim Nicsen Arm vor die Nase!

Wie gelangen die Bakterien und Viren in den Körper?

Durch Wunden, ganz richtig. Das kann sein. Deshalb reinigt man Wunden sofort. Es ist auch nicht schlimm, wenn es blutet. Ganz im Gegenteil, so werden die Angreifer oft schon von unserer Schutzmauer weggespült. Und mit einem wirklich sauberen Pflaster oder Verband schützen wir den Körper vor weiteren Eindringlingen. Noch viel häufiger als durch Wunden kommen die Bakterien und Viren aber anders in unseren Körper. Hast du noch eine Idee? Wo würdest du bei einer Burg zuerst versuchen einzutreten? Durch das Tor – genau!

Wichtig!

Ein Bakterium ist ganz besonders garstig bei Wunden, deshalb gibt es dagegen auch einen besonderen Schutz: Gegen den Wundstarrkrampf oder auch Tetanus wird man schon sehr früh geimpft. Dann hat unsere Burg ganz besondere Ritter, die diese Angreifer schon früh erkennen, bevor sie Schaden anrichten können.

Jetzt stell dich mal vor den Spiegel und überlege, wo unsere Körperburg Tore hat. Im Gesicht unseren Mund und die Nase ist auch ein Zugang, richtig. Schau dir noch einmal das Bild von den Bakterien an. Die haben wir auch an den Händen, wenn wir viele Gegenstände angefasst haben. Was hilft dagegen? Vor dem Essen Hände waschen! Nach dem Essen Zähne putzen!

Zum Singen

Hände waschen, Hände waschen sollte jedes Kind

Hän-de wasch- en, Hän-de wasch- en kann doch je-des Kind. schwind. Jetzt
Hän-de wasch- en, Hän-de wasch- en geht nicht so ge -

sind sie wie-der sau-ber ja, doch lei-der ist kein Hand-tuch da. Dann

müs-sen wir sie schüt - teln, schüt-teln, schüt-teln, schüt - teln, dann

müs-sen wir sie schüt-teln, schüt-teln, bis sie trock-en sind.

Was sind Antibiotika?

Noch vor 100 Jahren sind die meisten Menschen in Deutschland an Infektionserkrankungen gestorben und deswegen auch nicht besonders alt geworden. Mit der Entdeckung von bestimmten Pilzgiften hat sich das schlagartig geändert. Die Pilzgifte, wie zum Beispiel das Penizillin, sind nämlich nicht für Menschen giftig, sondern nur für bestimmte Bakterien. Wir können diese „Antibiotika" einnehmen und so eine bakterielle Erkrankung wie Keuchhusten, Angina, Lungenentzündung oder Nebenhöhlenentzündung ganz schnell wieder loswerden. Antibiotika sind aber nicht wirksam gegen Erkrankungen, die von Viren verursacht werden. So helfen sie zum Beispiel nicht gegen Schnupfen, Grippe, Masern oder Pocken.

ACHTUNG! Antibiotika muss man immer zu Ende nehmen, damit wirklich alle Bakterien vernichtet werden. Ansonsten können die verbleibenden Bakterien nämlich widerstandsfähig werden.

Warum muss ich schwitzen und frieren?

Das kennst du bestimmt: Du steigst im Sommer aus einem Bach oder einem See und frierst. Dann legst du dich in die Sonne und fängst bald darauf an zu schwitzen. Wenn dann ein Wind aufkommt, frierst du wieder. Warum ist das so?

Versuch

Duftthermometer

Das brauchst du:

- einfaches Thermometer
- Wattebausch
- Parfüm
- Papier und Stift
- Klebeband

1. Lies zunächst die Temperatur auf dem Thermometer ab und notiere sie.

2. Das Thermometer wird dann unten mit einem in Parfüm getränkten Wattebausch umwickelt. Fixiere den Wattebausch mit dem Klebeband. Dann kann es losgehen.

3. Nimm jetzt das Thermometer am oberen Ende in die Hand und schwing es in großen Kreisen. Nach zwei Minuten liest du wieder die Temperatur ab, notierst sie und schwingst weiter, feste und ausdauernd. Was kannst du bei der Temperatur beobachten? Sie sinkt. Und der Wattebausch? Wird langsam trocken, weil das Parfüm verdunstet.

Wozu ist Schweiß gut?

Wenn Flüssigkeit verdunstet, entzieht sie der Umgebung Wärme. Verdunstet also Wasser auf der Haut, wird die Wärme der Haut entzogen. Das ist zwar unangenehm, wenn man gebadet hat, aber sehr, sehr pfiffig, wenn es heiß ist. Warum wohl? Der Schweiß verdunstet – und … kühlt so unseren Körper.

Warum bekomme ich eine Gänsehaut?

Eine Gänsehaut erinnert zwar an eine gerupfte Weihnachtsgans, ist aber ein kluger Schutz vor Kälte. Schau dir deine Arme und Beine genau an. Siehst du die kleinen Härchen?

Versuch

Materialvergleich

Das brauchst du:
- Baumwolltuch (z. B. Geschirrtuch)
- Wollschal
- Seidentuch
- Alufolie

Nimm nacheinander die unterschiedlichen Materialstücke, binde sie um deine Hand und fühle, ob sie wärmen. Wenn du darfst, kannst du den Test auch mit der Hand im Kühlschrank durchführen. Was fällt dir auf? Am besten wärmt der Wollschal. Aber warum ist das so? Der hat doch so viele kleine Löcher!

Wenn Luft zwischen den Fasern eines Wollschals stillsteht, kann sie die Wärme nicht mehr nach außen abgeben. Wärme transportieren kann nur Luft, die sich bewegt. Man sagt auch, stehende Luft isoliert gut. Genauso funktionieren unsere Körperhaare – oder besser so haben sie funktioniert, als der Mensch noch dichter behaart war. Wenn du eine Gänsehaut bekommst, stellen kleine Muskeln die Haare auf der Haut auf, sodass sich dort eine wärmende Luftschicht sammelt. Diese kann unseren Körper isolieren, also besser gegen Kälte schützen. Auch unter unserer oberen Hautschicht befindet sich solch ein Isolator, nämlich Fett.

Bilderrätsel

Wie ist das bei den Tieren?

Auch Tiere haben eine solche Schutzhaut.
Welche Tiere erkennst du hier?

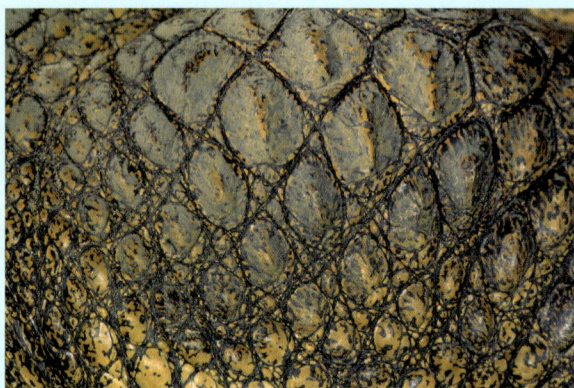

Auflösung auf S. 109

Versuch

Fettisolation

Das brauchst du:

- Schüssel
- 2 Becher
- Fett, z. B. 100 g Schmalz oder Bratenfett
- Eiswürfel
- Salz
- 2 Thermometer

1. Lies die Temperatur auf beiden Thermometern ab und notiere sie. Dann gibst du das Fett in einen der Becher, der andere bleibt leer. Die Eiswürfel werden nun in die Schüssel gefüllt und zur Absenkung der Temperatur mit Salz überschüttet.

2. Jetzt stellst du beide Becher in dieses Eis-Salz-Gemisch und steckst in jeden ein Thermometer. Das Thermometer in dem Fettbecher sollte unten am Messstab gut mit Fett bedeckt sein.

3. Kontrolliere die Temperatur nach zwei, nach vier und nach sechs Minuten. Was kannst du beobachten? Die Temperatur im Fett sinkt deutlich weniger schnell. Warum? Weil das Fett schützt. Es isoliert. So schützt uns auch das Fett unserer Haut vor Kälte.

Skelett und Muskeln

Was bricht, wenn ich mir den Arm breche?

Kennst du jemanden, der sich das Bein oder den Arm gebrochen hat? Oder ist dir das schon selbst passiert? Was bricht denn da eigentlich genau? Ein Knochen, richtig! Weißt du, wie dein Körper unter der Haut aussieht?

Taste mal an deiner Haut, zum Beispiel an deinen Armen und Beinen, entlang. Was fühlst du? Es gibt harte und weiche Stellen. Bei den harten Stellen an den Fingern oder am Schienbein spürst du deine Knochen unter der Haut. Sie stabilisieren den ganzen Körper, so wie Mauern und Balken die Burg zusammenhalten.

Zum Basteln

Drachenbau

Das brauchst du:
- 2 leichte dünne Latten
(etwa 0,5 cm dick und 1 cm breit)
- großer Bogen Transparentpapier
- Holzkleber ▶ Papierkleber
- Bohrer ▶ evtl. Feile
- 10 m Drachenschnur ▶ Klebefilm

1. Schneide mithilfe eines Erwachsenen zunächst die Latten zu: etwa im Verhältnis 4:5, also z. B. 40 cm zu 50 cm. Oben und unten bohrt ihr Löcher in die lange Latte mit einem Abstand von 11,3 cm vom jeweiligen Lattenende. Dort wird die Drachenschnur später befestigt. Am unteren Ende könnt ihr auch noch ein weiteres Loch unterhalb des ersten für einen Drachenschwanz bohren. Wer will, feilt noch eine Nut, also eine Vertiefung, in alle Leistenenden, sodass dort die Drachenschnur durchgeführt werden kann.

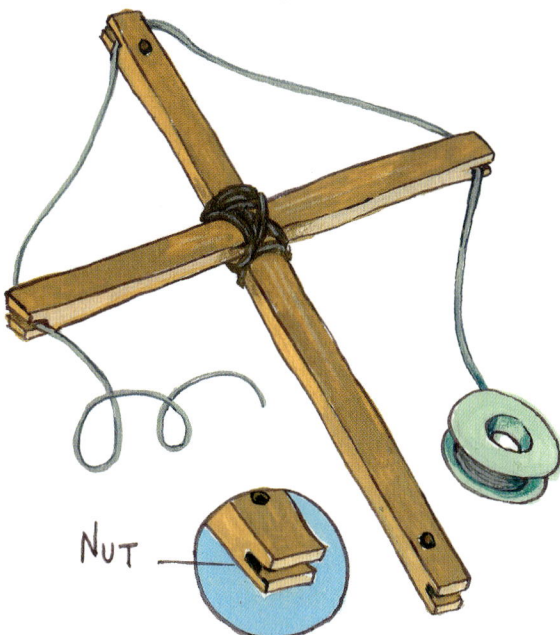

NUT

2. Dann wird die kurze Latte mittig 22 cm unterhalb des oberen Endes der langen Latte mit Holzleim verklebt. Anschließend werden die beiden Latten mit Schnur zusammengebunden, sodass ein Kreuz entsteht.

3. Der Rahmen für den Drachen wird nun mit der Drachenschnur fest um die Leistenenden gezogen und verknotet. Wer eine Nut gefeilt hat, kann die Schnur hindurchführen. Mit Klebefilm wird sie an den Leistenenden fixiert.

4. Jetzt muss noch der Überzug aus Papier gefertigt werden. Dazu wird das Kreuz auf das Transparentpapier gelegt und um die Drachenumrisse im Abstand von etwa 2 cm das Papier abgeschnitten. Diesen Überstand klappt ihr nun um die Drachenschnur am Rand und klebt ihn fest. Danach wird die Drachenschnur mit einem Schnurdreieck in den Löchern der langen Leiste verknotet. Schließlich könnt ihr im unteren Loch einen schönen Drachenschwanz (etwa 3 m) mit eingeknoteten Papierchen befestigen.

Was wäre der Drachen ohne die Latten? Ein Haufen Papier – ganz ohne stabile Form. Dasselbe gilt für unseren Körper. Die Haut alleine könnte man zusammenfalten.

Mein Körpermodell

Knochen

Das brauchst du:
▸ Körpermodell
▸ Papierstreifen in einer anderen Farbe

Breite dein Modell wieder auf dem Boden aus. Schneide schmale Papierstreifen aus. Lege sie überall an die Stellen, an denen du Knochen vermutest. Wo kann man sie gut tasten? An den Händen und Fingern, an den Armen, an den Beinen. Und wo an Bauch und Rücken? Wenn du meinst, du hast alle Stellen gefunden, an denen Knochen sind, klebe sie fest. Jetzt sieht dein Körpermodell aus wie ein Skelett. Hast du schon mal eins gesehen? Vielleicht beim Arzt?

Zum Ausprobieren

Knochen klopfen

Das brauchst du:
▸ Suppenknochen (z. B. vom Rind oder Geflügelknochen)
▸ Teller ▸ Löffel

Lege den Knochen auf den Teller und klopfe mit dem Löffelstiel dagegen.
Wie klingt das? Ein bisschen wie Holz, oder? In jedem Fall hart. Welche Farbe hat der Knochen? Nicht ganz weiß, aber fast.

Der Knochen ist übrigens nicht leblos. Er wird ständig erneuert, indem eine Zellart ihn auf- und eine andere ihn wieder abbaut. Bei jungen gesunden Menschen gibt es von beiden gleich viele. Heilt ein gebrochener Knochen, dann sind die aufbauenden Zellen fleißiger als die, die ihn abbauen. Und wenn wir alt werden, kann es umgekehrt sein. Deshalb haben alte Menschen viel leichter einen Knochenbruch als junge Menschen.

Wie sieht ein Knochen von innen aus?

Bei manchen Knochen kann man auch das Innere sehen. Wie fühlt sich das wohl an? Es ist nicht ganz so hart und hat viele kleine Löcher. Bei einem frischen Knochen ist dieser Teil rosa und man nennt ihn Knochenmark. Dort werden übrigens die vielen Zellen, die in unserem Blut schwimmen, hergestellt.

Bei kleinen Kindern bilden sich in jedem Knochen Blutzellen. Überall steckt das rote Knochenmark. Erwachsene stellen nur noch in einigen Knochen Blut her, zum Beispiel in den Rippen.

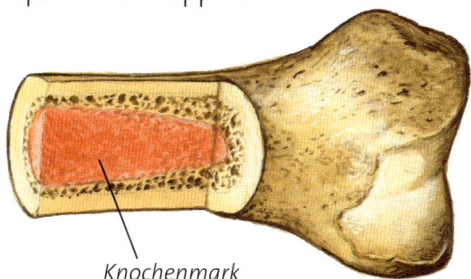

Knochenmark

Und wenn so ein Knochen bricht, was macht man dann?

Damit ein Knochen heilen kann, muss er ruhig gestellt werden. Dann trägt man einen Gips, bis der Knochen wieder zusammengewachsen ist. Das kann einige Wochen dauern. Gegen die Langeweile hilft, den Gips selbst zu bemalen oder von Freunden bekritzeln zu lassen.

Bilderrätsel

Wie ist das bei den Tieren?

Welche der abgebildeten Tiere haben keine Knochen?

Auflösung auf S. 109

Wie können wir unsere Knochen bewegen?

So ein Knochen ist ja ganz hart. Wie kann sich ein Mensch mit solchen Bauteilen denn bewegen? Taste mal deine Knie und Ellbogen ab. Was fällt dir auf? Da endet ein Knochen und ein neuer beginnt. An diesen Verbindungsstellen können wir unseren Körper bewegen. Man nennt sie Gelenke.

Sieh dir das Skelett auf dem Bild genau an.
An manchen Stellen kannst du einen kleinen Abstand zwischen den Knochen erkennen. Findest du sie? Das sind die Gelenke,
an denen die Knochen beweglich sind.

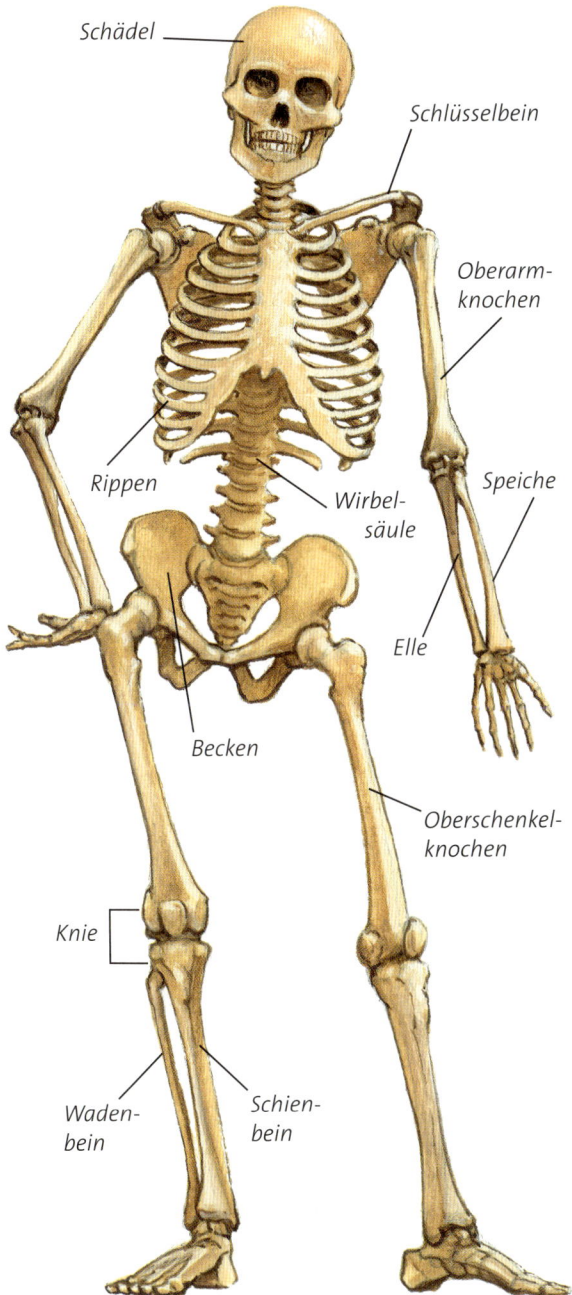

Schädel

Schlüsselbein

Oberarm-
knochen

Rippen

Wirbel-
säule

Speiche

Elle

Becken

Oberschenkel-
knochen

Knie

Waden-
bein

Schien-
bein

Mein Körpermodell

Gelenke

Das brauchst du:
- Körpermodell ▶ Schere
- Flachkopfklammern

Schneide dein Körpermodell an den Umrandungen aus. An den Stellen, an denen du
Gelenke spürst, schneidest du es nun durch.
Wo ist das? Am Knie, am Ellbogen, an der
Schulter, am Handgelenk, am Oberschenkel-
hals, am Fuß. Wer ganz genau sein will, kann
natürlich auch noch Gelenke in Finger und
Zehen einbauen.
Lege die beiden abgetrennten Enden übereinander und verbinde sie mit einer Flachkopfklammer. Nun lässt sich dein Körpermodell
auch bewegen.

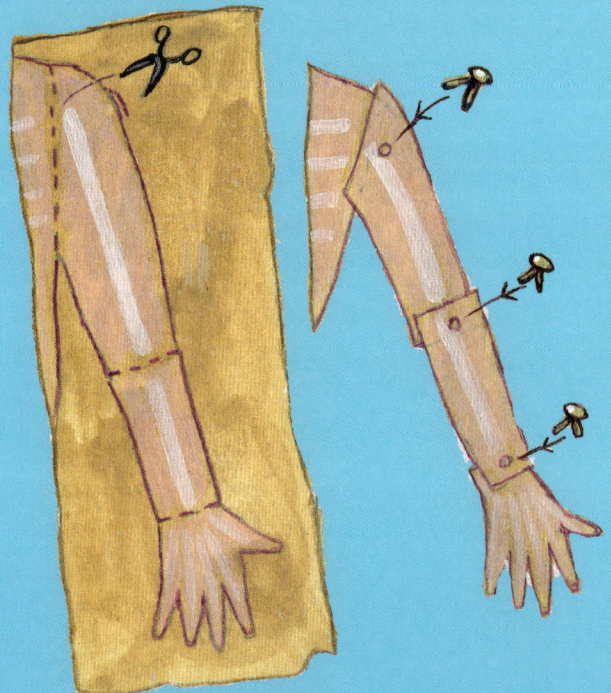

Hast du einen Hampelmann zu Hause, der Arme und Beine bewegen kann? Oder eine Marionette? Vielleicht kennst du auch die Geschichte von Pinocchio. Der alte Holzschnitzer, der diese Holzpuppe baute, hat etwas ganz Erstaunliches erlebt.

Pinocchios Abenteuer

Carlo Collodi

In einer kleinen Stadt am Meer wohnte ein Holzschnitzer, der hieß Geppetto. Er verdiente sein Geld damit, für die Nachbarn Türen und Fensterläden zu reparieren. Doch wenn Geppetto ein schönes Stück Holz in die Finger bekam, zeigte sich, dass er noch viel mehr mit seinem Schnitzmesser anfangen konnte: Seit vielen Jahren arbeitete er an einer kunstvollen Spieluhr.

Diese Spieluhr nahm schon den größten Teil seines Hauses ein, sie reichte vom Boden bis zur Decke. Und immer noch fügte er etwas Neues hinzu. Wenn Geppetto an der Kurbel drehte, ertönte eine wunderbare Melodie. Oben auf dem Deckel standen bunt bemalte Häuser. Fenster und Türen ließen sich öffnen, sodass man hineinsehen konnte. In einem der Häuser gab es eine Werkstatt, in der sich alle Maschinen bewegten. Die Häuser waren von Bäumen umgeben, die mit ihren hölzernen Blättern rauschten. Galoppierende Pferde zogen Kutschen hin und her. Geschnitzte Vögel flatterten über der Spieluhr herum, als ob sie lebendig wären.

Manchmal kamen die Nachbarn und bewunderten das Kunstwerk. Aber niemand konnte die Spieluhr kaufen. Denn die Nachbarn waren alle so arm wie Geppetto selbst.

Eines Tages sollte Geppetto einen zerbrochenen Stuhl reparieren. Er hatte nur noch ein einziges Stück Holz. Als er es in die Hand nahm, tat es ihm plötzlich leid, daraus ein Stuhlbein zu machen. Denn das Holz war ganz besonders glatt und weiß und schön. Geppetto dachte: Ich werde daraus lieber einen kleinen Mann für meine Spieluhr schnitzen. Einen, der sich wie ein Mensch bewegen kann. Er setzte das Messer an und arbeitete zuerst den Kopf aus dem Holz. Er gab ihm ein freundliches Gesicht mit einer lustigen, spitzen Nase. Danach kamen die Arme dran. Prüfend betrachtete Geppetto die halb fertige Holzpuppe. Plötzlich öffnete die Puppe den Mund und sagte: „Ich brauche aber noch Beine!"

34

Geppetto wunderte sich überhaupt nicht, dass die Figur sprechen konnte. „Natürlich bekommst du Beine! Zuerst das linke – und jetzt das rechte. Siehst du? Und einen Namen kriegst du auch. Ich werde dich Pinocchio nennen. So wie die kleinen Kerne in den Pinienzapfen heißen. Weil du aus Pinienholz gemacht bist."

„Das gefällt mir!" Begeistert schlenkerte Pinocchio mit Händen und Füßen.

„Halt still", verlangte Geppetto. „Ich bin noch nicht fertig." Er griff nach seinen Farbtöpfen und malte Pinocchio Hemd und Hose auf den hölzernen Leib. Zum Schluss setzte er ihm noch eine Mütze auf.

Pinocchio sprang vom Tisch und schaute sich um. Mit offenem Mund bestaunte er die Spieluhr. „Das ist bestimmt das Schönste, was es auf der Welt gibt!", flüsterte er.

Geppetto lächelte. „Du hast ja die Welt noch gar nicht gesehen, Pinocchio! Bis heute habe ich geglaubt, nie etwas Besseres herstellen zu können als diese Spieluhr. Aber jetzt habe ich dich gemacht! Du bist etwas ganz Besonderes! Du bist die einzige Holzpuppe auf der ganzen Welt, die laufen und sprechen kann."

„Ich bin etwas ganz Besonderes", wiederholte Pinocchio. „Deshalb habe ich auch ganz besonders großen Hunger!"

Geppetto hatte kein einziges Stück Brot im Haus. Aber der Nachbar hatte ihm doch schon eine Silbermünze für das Stuhlbein gegeben!

„Ich gehe schnell zum Bäcker und kaufe Brot!"

„Lass mich gehen, Papa Geppetto!", bettelte Pinocchio. „Ich möchte so gerne wissen, wie die Welt aussieht!"

„Gut, geh du", sagte Geppetto. „Der Bäckerladen ist gleich an der nächsten Ecke. Verliere das Geld nicht, sonst haben wir nichts zu essen."

Er öffnete die Haustür. Pinocchio hüpfte davon.

Wozu brauche ich Muskeln?

Unser Körper hat ein stabiles Gerüst aus Knochen. Aber anders als eine Burg soll er ja beweglich sein. Hast du das Körpermodell bereits mit Gelenken versehen? Allein nützen sie nicht viel. Unser Körpermodell hängt noch sehr gelangweilt herum. Was fehlt ihm denn?

Fasse mal mit der linken Hand um deinen rechten Oberarm. Jetzt machst du eine Faust und die Hand wieder auf und wieder eine Faust. Kannst du etwas fühlen?

Das sind deine Muskeln. Sie funktionieren immer im Zweierteam. Um einen Muskel zu strecken, muss sich ein anderer Muskel zusammenziehen.

Versuch

Beuge- und Streckmuskel

Das brauchst du:
- 2 Schnüre
- 2 Streifen aus Karton von ca. 20 cm
- Flachkopfklammer
- Locher ▶ 2 kleine Ringe
- 2 Zahnstocher

Mit den beiden Streifen aus Karton kannst du ein Ellbogenmodell bauen.

1. Das untere Ende des senkrecht liegenden Streifens befestigst du mit einer Flachkopfklammer etwa 4 – 5 cm vom einen Ende des waagerecht liegenden zweiten Streifens entfernt. Das sieht aus wie ein großes L mit einem überstehenden Fuß – wie unser Ellbogen oder unsere Ferse.

2. In das kurze überstehende Ende des L sowie in die lange Seite bohrst du jetzt ein Loch. Dabei kann ein Locher helfen. Knote nun das Ende einer Schnur in das eine Loch und ein Ende der anderen Schnur in das andere Loch. Das sind unsere beiden Muskeln.

3. Halte jetzt den senkrechten Papierstreifen fest und ziehe an einer Schnur. Der waagerechte Streifen bewegt sich auf dieser Seite nach oben. Ziehst du an der anderen, so bewegt er sich wieder nach unten.

4. Noch genauer wird das Modell, wenn du jetzt die beiden losen Enden der Schnüre ganz oben an dem senkrechten Streifen befestigst. Dazu machst du auch dort ein Loch. Um mal das eine und mal das andere Band zu verkürzen, ziehst du abwechselnd eine Schlaufe durch die Ringe an den Bändern. Damit die Schnur nicht immer wieder durch die Ringe verschwindet, kannst du in jede Schlaufe einen Zahnstocher schieben. Der fixiert die Schnur.

Ziehst du auf einer Seite die Schlaufe groß, wird der „Muskel" verkürzt, der Knochen bewegt und der Gegenmuskel auf der anderen Seite damit gleichzeitig gestreckt. Kein Muskel streckt sich von selbst.

37

Warum bekomme ich Muskelkater?

Musst du auch immer mit deinen Eltern wandern gehen? Oder Fahrrad fahren? Erst geht es ganz leicht, aber irgendwann wird es mühsam. Wenn es sehr mühsam war, tun am nächsten Tag oft die Muskeln weh. Das nennt man Muskelkater, auch wenn es gar nichts mit Katzen zu tun hat.

Versuch

Muskelfaserriss

Das brauchst du:
- 10 Lakritzfäden
- 2 Schnüre

Ein Muskel besteht aus Muskelfasern. Sie sehen aus wie Streifen, sind wie eine Zelle aufgebaut und haben mehrere Zellkerne. Die Muskelfaser ist also eine Art Familienzelle. Jedes unserer Lakritzbänder stellt eine solche Muskelfaser dar. Binde jetzt

die Fäden an beiden Enden zusammen. Das ist dein Muskel.

Und wenn du beide Enden hältst, sie zusammenschiebst und ruckartig wieder auseinanderziehst, dann passiert hin und wieder was? Eines oder auch mehrere der Lakritzbänder reißen. Das passiert auch immer wieder in unseren Muskeln.

Reißt eine Muskelfaser, dann schmerzt das. Ist dieser Riss winzig klein, spricht man von einem Muskelkater. Das kommt übrigens bei einem warmen und geübten Muskel nicht so oft vor wie bei einem kalten und untrainierten. Reißen mehrere Muskelfasern, ist das eine sehr schmerzhafte Verletzung. Das ist aber zum Glück selten der Fall.

Was hilft gegen Muskelkater?

Wenn du Muskelkater hast, hilft ein warmes Bad. In der Wärme entspannen die Muskeln und es tut nicht mehr so weh.

Für Eltern

Muskelfasern

Muskeln bestehen aus Muskelfasern. Die wichtigsten Faserproteine darin heißen Aktin und Myosin. Beide bilden lange Fäden, die aneinander vorbeigleiten können. Mit kleinen Köpfchen fast wie Zahnräder schiebt sich das Myosin an den Aktinfäden entlang. Dadurch wird der Muskel verkürzt. Die Technik funktioniert nur in einer Richtung. Deshalb muss ein Muskel immer durch das Zusammenziehen eines anderen Muskels wieder gestreckt werden.

Zum Ausprobieren

Wie kann ich einen Muskelkater verhindern?

Um erst gar keinen Muskelkater zu riskieren, solltest du deine Muskeln vor Sport oder längeren Wanderungen ein bisschen aufwärmen. Zum Beispiel so!

Beweg deine Beine, die Füße dazu,
schenk deinen Muskeln beim Strampeln keine Ruh.
Wir hüpfen und springen, bis alles gut gewärmt.

Klatsch in deine Hände und stampfe im Kreis.
So langsam wird jeder der Muskeln in dir heiß.
Wir hüpfen und springen, bis alles gut gewärmt.

(zur Melodie „Zeigt her eure Füße")

Wo haben wir überall Muskeln?

Wo haben wir denn eigentlich Muskeln? Taste doch mal deinen Körper ab. Kannst du sie fühlen? Versuche, einzelne Muskeln anzuspannen, dann findest du sie leichter. Fallen dir auch Körperstellen ein, an denen sich Muskeln befinden, die wir nicht sehen können?

Viele Muskeln bewegen wir ganz bewusst. Sie gehorchen, wenn wir uns sagen: „Jetzt stehe ich auf." Wir können sie auch trainieren und vergrößern. Wer Sport macht und beispielsweise viel läuft, hat mehr Muskelmasse als jemand, der viel vor dem Fernseher sitzt und immer mit dem Auto fährt.

gerader
Bauchmuskel

großer Brustmuskel
(Pectoralis)

Schulter-
muskel

Armbeuger
(Bizeps)

Arm-
strecker
(Triceps)

schräger
Bauchmuskel

Hüft-
beuger

Schenkel-
strecker

Schneider-
muskel

Schienbein-
muskel

Waden-
muskel

Es gibt Muskeln, die du gut von außen beobachten und fühlen kannst, wie z. B. an Armen, Beinen, Händen, Füßen, Schultern, Bauch usw. Das sind sehr, sehr viele. Über 600! Diese Muskeln bewegen die Knochen. Man nennt sie Skelettmuskeln.

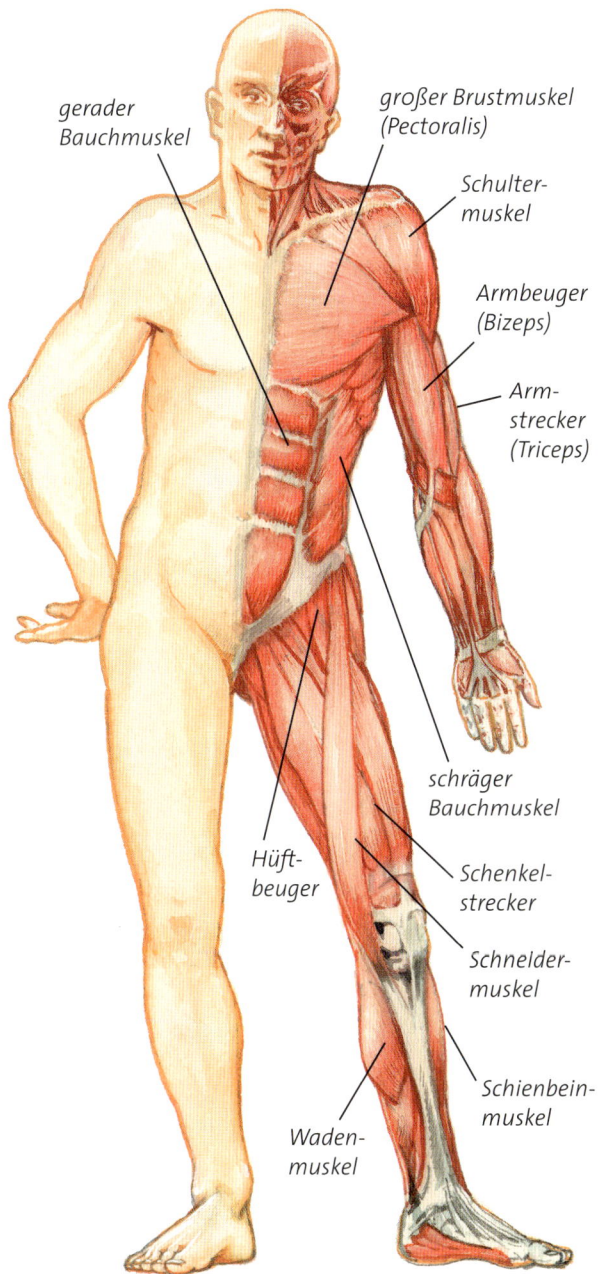

Mein Körpermodell

Skelettmuskeln

Das brauchst du:
▶ Körpermodell
▶ Schere
▶ Klebstoff
▶ rotes Papier

Schneide wieder Streifen aus dem bunten Papier. Du kannst sie natürlich auch etwas bauchig schneiden, so wie Muskeln aussehen. Versuche, sie zu ertasten, und klebe sie in dein Körpermodell.

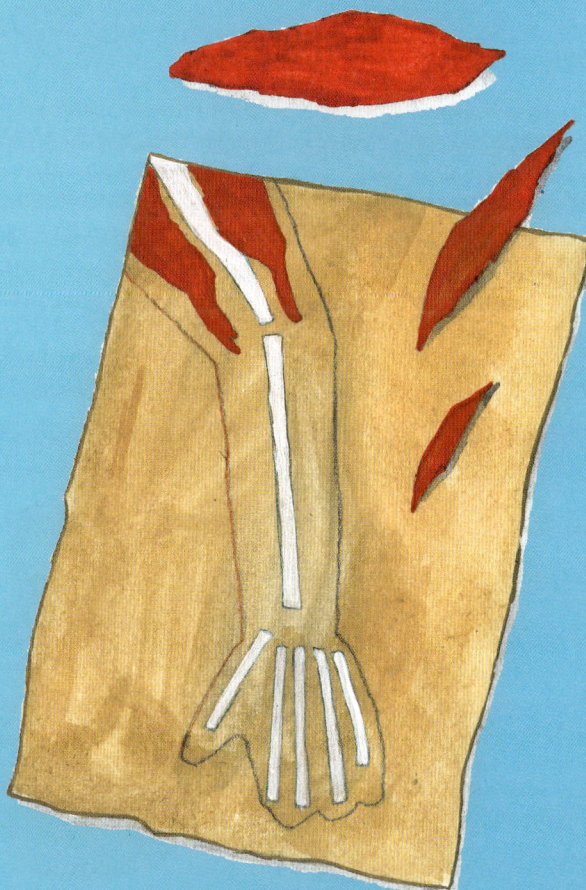

Versuch

Pupillenreflex

Das brauchst du:
▶ Partner

Es gibt auch Muskeln, die den ganzen Tag arbeiten, ohne dass wir sie steuern und bemerken. Schaue selbst! Bitte deinen Versuchspartner, sich die Augen ganz gut zuzuhalten. Am besten sollten sie geschlossen sein. Nun setzt du dich direkt vor das Gesicht deines Partners und schaust genau, was mit den Augen passiert, wenn sie wieder geöffnet wurden.

Was kannst du beobachten? Die Pupille, das schwarze Loch im Auge, verändert sich ganz schnell. Sie wird kleiner, sobald Licht ins Auge fällt.

Dasselbe Vorgehen wird auch bei Fotoapparaten genutzt. Dort öffnet und schließt sich die sogenannte Blende, um nur kurz Licht auf den Film fallen zu lassen. Wie weit sie sich öffnen darf, hängt von der Helligkeit ab – wie beim Auge.

Die Pupille reagiert automatisch auf den Lichteinfall ins Auge. Ist es sehr hell, macht sie oder vielmehr die Iris um die Pupille herum die Tore dichter, sodass nicht zu viel Licht auf die empfindliche Netzhaut im Auge fällt. Ist es dunkel, macht sie wiederum weit auf, sodass wir sogar bei wenig Licht etwas sehen können. Wir können die beiden Muskeln der Iris nicht durch unseren Willen beeinflussen. Nur das Licht sorgt dafür, dass sich die Pupille erweitert oder verengt.

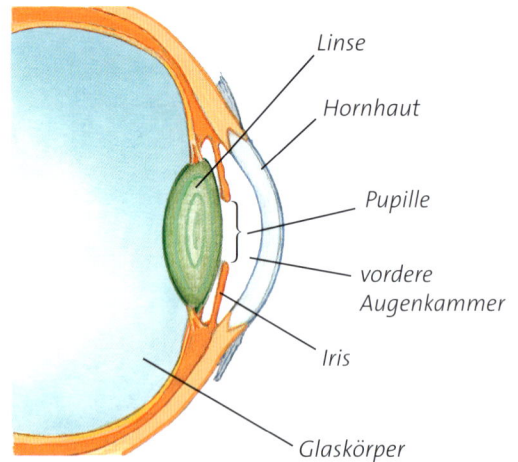

Linse
Hornhaut
Pupille
vordere Augenkammer
Iris
Glaskörper

Versteckte Muskeln

Es gibt noch andere Muskeln, die wir nicht direkt beeinflussen können, zum Beispiel unseren Darm. Das Eigenleben der Darmmuskeln spüren wir, wenn wir Durchfall haben. Auch unser Herz ist ein Muskel, der nicht von uns gesteuert wird. Mehr zum Herzen findest du ab S. 94, mehr zum Darm auf S. 52.

Zum Lesen

Herakles – ein Held mit ungeheurer Muskelkraft

Die Griechen vor etwa 3.000 Jahren erzählten sich viele Geschichten über ihre Götter. Sie hatten nicht nur einen Gott, sondern eine ganze Großfamilie von Göttern. Diese Geschichten nennt man Sagen.

In der Sagenwelt der griechischen Götter gab es viel Streit und Unehrlichkeit. So liebte der Göttervater Zeus viele schöne Frauen, was seiner Ehefrau Hera natürlich nicht besonders gefiel. Sie wurde wieder einmal sehr wütend, als Zeus Vater des kleinen Herakles wurde. Da Herakles' Mutter Alkmene sich sehr vor Heras Zorn fürchtete, setzte sie ihren Sohn nach der Geburt aus. Doch Herakles gelangte noch als winziges Baby zur Göttermutter Hera, die ihn nicht erkannte. Sie legte ihn an ihre Brust, um ihn zu stillen. Herakles aber war ein kräftiger kleiner Kerl und saugte so fest, dass Hera ihn ganz erschrocken und vor Schmerz aufschreiend von sich stieß. Dabei verspritzte sie Milch in den Götterhimmel. Diese sehen wir – so die Sage der Griechen – als Milchstraße am Himmel.

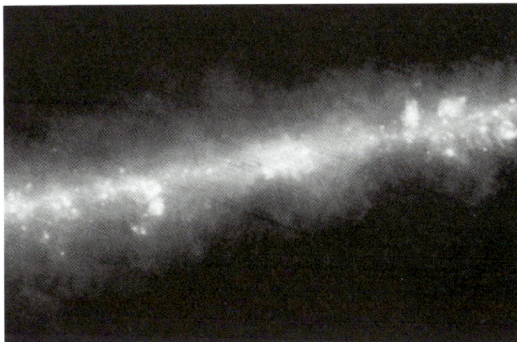

Die Milchstraße

Schließlich wurde Herakles durch die anderen Götter wieder zu seiner richtigen Mutter gebracht. Eines Nachts krochen zwei gefährliche Schlangen in sein Bett, die ihm die immer noch zornige Hera geschickt hatte. Doch dank Heras göttlicher Milch war Herakles unbändig stark. Mit gerade mal acht Monaten konnte er zwar noch nicht laufen, aber er tötete die Schlangen. Seine Mutter war schockiert und wusste bald, dass Herakles ganz besondere Kräfte hatte. Noch viele Male danach hat Herakles gegen große und gefährliche Tiere und Ungeheuer gekämpft und sie mit seiner übermenschlichen Kraft besiegt.

Was sind das für Knubbel auf meinem Rücken?

Wenn du dich nach vorne beugst, dann kannst du auf deinem Rücken Knubbel wie Wellen in der Mitte fühlen. Die sehen ein bisschen aus wie Drachenzacken, oder? Auch das sind Knochen. Man nennt sie Rückenwirbel. Zusammen bilden sie die Wirbelsäule.

Versuch

Wirbelsäule

Das brauchst du:

▸ 10 gleich große Deckel von Marmelade- oder Gurkengläsern
▸ Nagel
▸ Hammer
▸ Brettchen oder Werkbank
▸ Schnur ▸ Perle

1. Um die Deckel auf eine Schnur ziehen zu können, brauchst du erst einmal ein Loch. Nimm dafür den Hammer und klopfe mit dem Nagel auf der Werkbank oder einem Brettchen ein Loch in jeden Deckel. Lasse dir dabei von einem Erwachsenen helfen.

2. Jetzt ziehst du die Schnur durch den ersten Deckel, verknotest sie unten und ziehst alle anderen Deckel auch noch auf. Sollte das Loch im ersten Deckel zu groß sein, um die Schnur zu halten, zieh erst noch eine Perle auf. So hält es bestimmt.

Genau wie die Deckel an dieser Schnur aufgereiht sind, stehen auch die Wirbel in unserem Rücken übereinander. Das nennt man Wirbelsäule. In der Mitte läuft aber keine Schnur hindurch, sondern das Rückenmark mit dem zentralen Nervenstrang und vielen Nervenfasern. Das sind die Verbindungskabel zwischen unserem Gehirn im Kopf und dem Rest des Körpers: den Muskeln, den Organen, der Haut.

Wirbel

Bandscheibe

Damit aber die Wirbelknochen nicht so hart aufeinander-

3. Wie sieht es jetzt aus? Wie eine Rassel oder eine Kette. Und wie klingt es, wenn du diese Kette oben an der Schnur festhältst und ein wenig auf und ab schüttelst? Das kann ganz schön laut werden!

schlagen wie die Deckel, liegt zwischen ihnen eine Art Puffer, die sogenannten Bandscheiben.

Kannst du dir vorstellen, was passieren würde, wenn es nicht Metalldeckel, sondern Scheiben aus Glas oder Ton wären? Die eine oder andere würde bestimmt zu Bruch gehen. Vielleicht habt ihr ja kleine Blumentöpfe zu Hause, mit denen du das testen darfst. Aber unbedingt erst fragen!

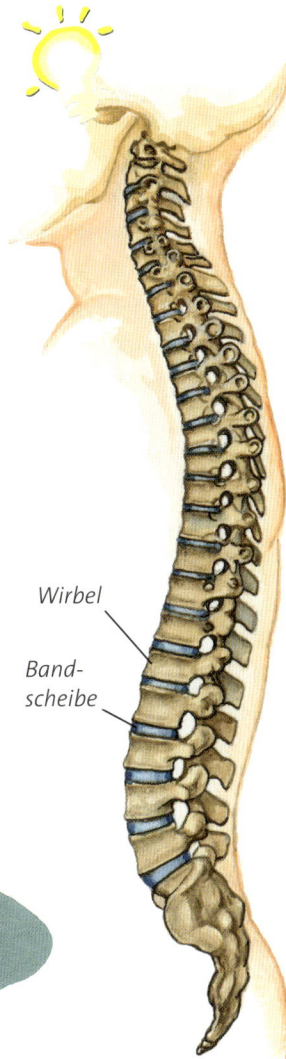

Das doppelte S

Wenn wir unseren Körper von der Seite sehen, dann ist die Wirbelsäule übrigens nicht gerade, sondern hat ein paar Kurven wie ein doppeltes S. Hast du eine Idee, wozu das gut sein könnte?
Beim Versuch auf S. 48 kannst du mehr hierzu herausfinden.

Woher kommen Rückenschmerzen?

Kennst du Menschen, die über Rückenschmerzen klagen? Das Problem haben viele Erwachsene, wenn sie zum Beispiel schwer tragen müssen oder zu viel sitzen und wenig Sport machen. Das kann furchtbar schmerzhaft sein.

Versuch

Bandscheiben

Das brauchst du:
- Stricknadel
- 10 gleich große Deckel von Marmeladen- oder Gurkengläsern
- Hammer ▶ Schnur
- Brettchen oder Werkbank
- Marshmallows

1. Bereite wieder Wirbel aus Deckeln vor (→ S. 44 – 45). Nun ziehst du aber zwischen jeden Deckel ein Marshmallow auf die Schnur. Dazu musst du ein Loch durch das Marshmallow hindurchstechen, am besten mit einer Stricknadel.

Wie klingt es jetzt, wenn du die Kette aus Deckeln und Marshmallows bewegst? Leise? Oder gibt es Stellen, an denen das Marshmallow nicht richtig zwischen den Deckeln abpuffert?

Wenn diese sogenannten Bandscheiben in einer Wirbelsäule nicht richtig liegen, z. B. weil sie schon geschädigt sind durch schweres Tragen, langes Sitzen oder wenig Sport, kann das Rückenschmerzen verursachen.

Richtig schlimm werden solche Rückenschmerzen, wenn dieser Puffer etwas austritt und auf den Nervenstrang drückt. Das nennt man dann Bandscheibenvorfall.

Zum Ausprobieren

Taler, Taler, du musst wandern

Legt euch im Kreis auf den Bauch. Alle Kinder heben jetzt ihre Oberkörper leicht vom Boden ab und geben einen Taler oder besser einen Tennisball im Kreis herum, von der linken in die rechte Hand, dann an das nächste Kind und so weiter. Das stärkt die Rückenmuskulatur.

Storchenkinder

Bei diesem Spiel seid ihr Störche und watet ganz aufrecht durch den Raum. Zieht dabei ein Bein immer ganz bewusst vorne hoch. Dann klatscht einer in die Hand und alle Störche bleiben mucksmäuschenstill auf einem Bein stehen. Das andere Bein wird dabei angewinkelt hochgezogen. Könnt ihr so stehen bleiben, bis die Gefahr vorbei ist? Sobald Entwarnung geklatscht wird, waten alle Störche weiter.

Mein Körpermodell

Wirbelsäule

Das brauchst du:

▶ Körpermodell
▶ Schere
▶ weiße Papierrechtecke (etwa 2 x 4 cm)
▶ blaue Papierstreifen (etwa 1 x 4 cm)

Wo wird die Wirbelsäule im Körpermodell platziert? Mittig auf dem Rücken, und zwar von hinten: immer abwechselnd ein Knochenpapier (weiß) und ein Bandscheibenpapier (blau). Wenn du es ganz genau nehmen willst, dann zählst du: 24 (freie) Wirbelknochen und 23 Bandscheiben.

Es gibt außer den freien Wirbeln auch noch ein paar verwachsene Wirbel, die sich nicht so frei bewegen können. Dazu gehört ganz unten das Steißbein. Das ist alles, was vom Schwanz unserer tierischen Vorfahren noch übrig geblieben ist.

Zum Ausprobieren

S-Pfuffer

Weißt du, warum die Wirbelsäule wie ein S geformt ist? Stell dich ganz gerade hin und stampf zehn Mal fest auf den Boden auf. Wie fühlt sich das an? Vor allem im Kopf?

Und nun gehst du ein wenig in die Hocke, sodass deine Beine und dein Rücken miteinander wie ein S aussehen. Stampf genauso fest wie vorher auf. Wie fühlt sich das jetzt im Kopf an?
Dein Kopf wird nicht so furchtbar durchgeschüttelt wie beim ersten Mal, oder? Die Kurven federn den Schlag ab. Genau das macht die doppelte S-Form unserer Wirbelsäule auch.

Verdauung

Wohin wandert mein Essen?

Es ist doch eigenartig: Jeden Tag essen und trinken wir. Aber wo geht das alles hin? Überlege mal. Wo startet das Essen seine Reise durch unseren Körper? Im Mund. Auch die Lebensmittel werden durch das große Burgtor in die Burg eingefahren.

Das Essen, das in die Burg gefahren wird, muss anschließend weiterverteilt und verarbeitet werden. Viele Helfer sind daran beteiligt. Und wer hilft im Mund beim Essen? Die Zähne, die Zunge, die Muskeln und natürlich viel Spucke (→ S. 56–57). Und dann? Wie geht es weiter?

Zum Beobachten

Der Weg vom Mund in den Magen

Das brauchst du:
▶ Glas Wasser ▶ Spiegel

Nimm ein Glas Wasser, stelle dich vor einen Spiegel und trinke einen Schluck. Wenn es geht, behalte den Schluck erst im Mund, schaue in den Spiegel und schlucke dann. Hast du etwas gesehen? Nichts? Dann mache dasselbe noch einmal und halte die freie Hand vorne an deinen Hals. Hast du jetzt eine Idee? Wenn wir das Essen und Trinken herunterschlucken, wandert es zunächst durch unseren Hals und dann in den Magen.

Wie sieht es in unserem Hals und Mund aus?

Die Röhre, durch die unsere Speisen rutschen, heißt Speiseröhre. Wenn sie den falschen Weg einschlägt und in der Luftröhre landet, müssen wir furchtbar husten. Dann haben wir uns verschluckt, und das ist unangenehm. Deshalb sollte man mit Essen auch nicht herumlaufen oder gleichzeitig essen und reden.

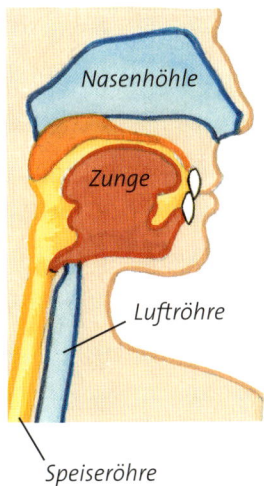

Nasenhöhle

Zunge

Luftröhre

Speiseröhre

Versuch

Schluckspecht

Das brauchst du:
▶ Socke
▶ Tischtennisball

Stecke den Tischtennisball in die Socke und halte die Öffnung der Socke nach unten. Nun drückst du den Ball heraus. So wird auch unsere Nahrung durch die Speiseröhre geschoben – Stück für Stück durch Muskelringe. Die Speiseröhre ist so elastisch wie der Sockenhals. Sie gibt zwar ein bisschen nach, aber nicht unendlich. Deshalb darf man keine zu großen Stücke in den Mund stecken. Also lieber kleinere Stücke schneiden und häppchenweise essen.

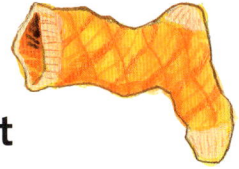

Es gibt Schlangen, bei denen der Hals voller kleiner Dornen steckt. Sie heißen Eierschlangen, weil sie ganze Eier schlucken – und das, obwohl sie nur daumendick sind.

Versuch

Im Magen

Das brauchst du:

- Luftballon
- Trichter
- Wasser
- Zwieback (oder trockenes Brot)

Nachdem die Nahrung durch die Speiseröhre gerutscht ist, wohin wandert sie dann? In den Bauch. Noch genauer, in den Magen. Unser Magen ist ein großer, hohler Muskel (→ S. 36–43), der die Nahrung durchknetet und verarbeitet. Das kannst du mit dem Luftballon als Magen sehr gut nachspielen.

1. Zerbrösele ein Stück Zwieback und streue ihn mithilfe eines Trichters in den Luftballon.

2. Gieße noch ein wenig Wasser dazu und lasse dir dann beim Zuknoten des Luftballons helfen.

3. Jetzt nimmst du den Luftballon in deine Hand und knetest ihn zwei Minuten lang kräftig durch.

Wenn du nun den Luftballon über einem Teller aufschneidest, was kommt heraus? Ein Zwiebackbrei.

Wie sieht es in unserem Bauch aus?

Wenn wir viel getrunken und gegessen haben, müssen wir zur Toilette. Bevor aber alles auf der Toilette landet, muss unser Körper noch aus der Nahrung herausholen, was er braucht. Das passiert im Darm. Mehr dazu kannst du auf S. 59 lesen.

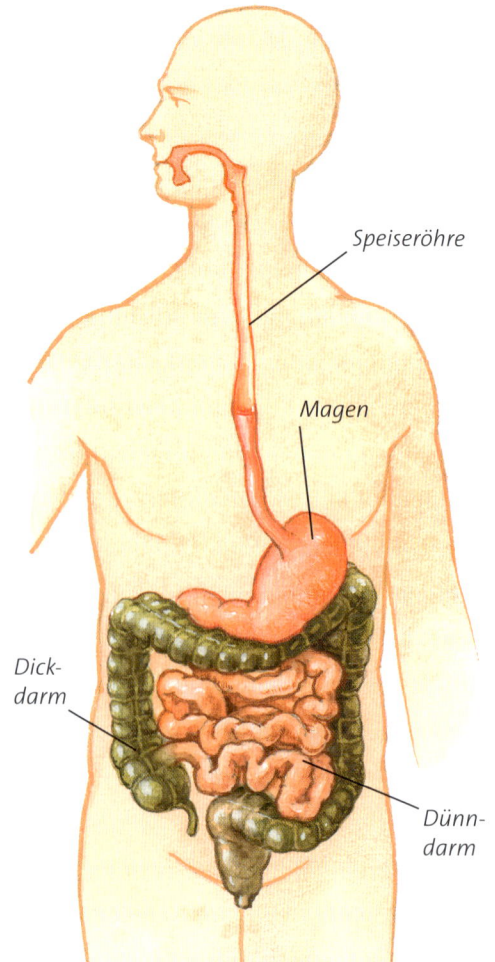

Speiseröhre

Magen

Dick-darm

Dünn-darm

Versuch

Warum muss ich manchmal rülpsen?

Das brauchst du:
- Sprudelwasserflasche
- Luftballon

Ist dir das auch schon passiert? Du hast Sprudelwasser oder Limonade getrunken, willst etwas sagen und dann … – gibt es nur einen lauten tiefen Ton. Wie entsteht denn so ein Rülpsen?

Nimm den Luftballon, öffne die Wasserflasche und stülpe die Öffnung des Ballons über den Flaschenhals. Jetzt schaue genau hin, was passiert. Wenn du magst, kannst du die Wasserflasche auch ein wenig hin und her bewegen, sodass mehr Sprudelbläschen aufsteigen. Was passiert mit dem Ballon? Er bläht sich auf. Warum? Weil der Sprudel in den Ballon steigt. Was ist denn mit dem ganzen Sprudel in unserem Magen, wenn wir das Wasser trinken? Dieser Sprudel muss wieder heraus. Und am einfachsten geht das nach oben – mit einem Rülpser.

Mein Körpermodell

Stationen der Nahrung

Das brauchst du:
- (neues) Körpermodell
- Luftballon ▶ Buntstifte
- etwa 8 m lange Wolle

Weißt du noch, wo die Nahrung ihre Reise durch den Körper beginnt? Im Mund. Male ihn in dein Körpermodell. Du kannst auch noch Zähne und die Zunge dazumalen.
Dann klebe einen unaufgeblasenen Luftballon in den Bauch des Körpermodells als Magen. Um den Darm nachzubauen, nimm die Wolle, zieh sie ganz lang und leg sie auf den Boden. So lang ist unser Darm. Schau in der Zeichnung auf S. 52 nach, wo der Darm liegt, und klebe die Wolle an die Stelle im Körpermodell. Fange am besten ein neues Modell an, wenn der Platz nicht reicht.

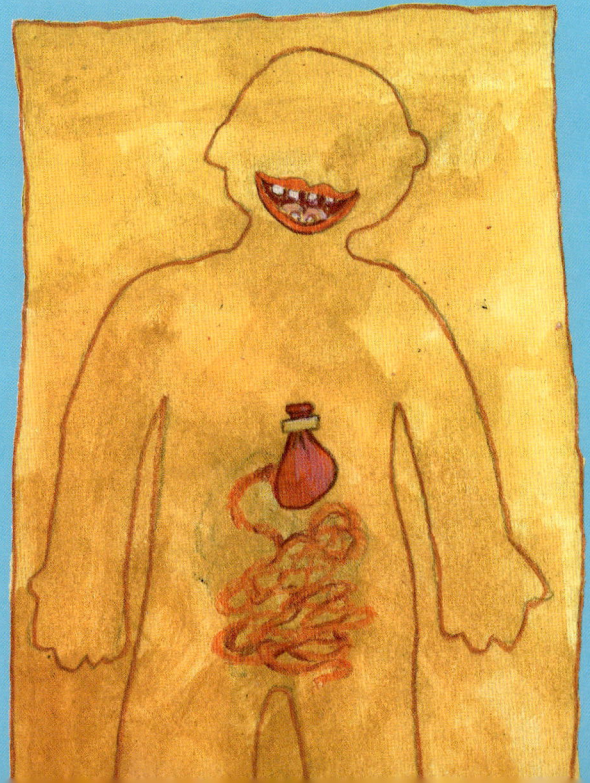

Fabeln gibt es schon sehr lange. In ihnen werden menschliche Fehler gezeigt, ohne direkt von Menschen zu sprechen. Meist handeln sie von Tieren. In dieser Geschichte geht es aber um die Körperteile, die uns zeigen sollen, wie das Zusammenleben in einer Gemeinschaft funktioniert.

Die Fabel vom Magen und von den Körperteilen

Sonja Stuchtey nach Äsop

Die Körperteile eines Menschen, Beine, Füße, Hände und Arme, verrichteten zuverlässig täglich ihren Dienst. Die Füße liefen über Berg und Tal gemeinsam mit den Beinen. Die Hände griffen die Axt, hielten sie fest, während die Arme ausholten und sie kraftvoll auf den Holzblock niedersausen ließen. Wieder und wieder schlugen sie zu. Bald schon trug der Mensch auf Beinen und Füßen einen schweren Korb Holzscheite in seine Hütte und entfachte ein Feuer. Wohlig wurde es dem Körper, denn der Einbruch der Nacht hatte nicht nur Dunkelheit, sondern auch einen kühlen Wind mit sich gebracht. Der Mensch betrachtete die züngelnden Flammen. Seine Hände bereiteten das Essen vor. Er hängte einen schweren Kessel über die Feuerstelle und kochte seine Mahlzeit. Ein herrlicher Duft stieg auf und ließ die Nasenflügel ein bisschen zittern. Bald schon führte die Hand den ersten Löffel warmer Suppe zum Mund.

So verging Tag um Tag. Doch irgendwann regte sich ein leiser Unmut unter den Körperteilen. „Ist das eigentlich gerecht und gut?", fragte die Hand den Fuß. „Wir ackern und ackern jeden Tag aufs Neue. Und der Magen, der liegt faul und feist im Bauch herum, wird von uns jeden Tag mit Nahrung versorgt und macht rein gar nichts." Die anderen Körperteile murmelten Zustimmung. Zunächst geschah jedoch weiter nichts. Eines Tages verletzte sich das rechte Bein. „Du hast völlig recht, Hand", begehrte es auf. „Wir arbeiten und arbeiten. Wir nehmen Gefahren auf uns und werden verletzt und der Magen – der ruht den ganzen Tag. Nie bekommt man ihn zu Gesicht. Er wird von uns versorgt und dankt uns nicht einmal." Da beschlossen die Körperteile, den Magen zu bestrafen. Sie würden ihm kein Essen mehr geben. Sie würden ihn einfach nicht mehr versorgen. Dann könnte er ja sehen, was er von seiner Faulheit hätte. Und so geschah es. Die Körperteile sorgten nicht mehr für Nahrung. Am ersten Tag grummelte der Magen leise. Am zweiten grummelte er lauter. Nach einer Woche wurden der Körper und alle seine Gliedmaßen spürbar schwächer. Und nach vierzehn Tagen sagten sie zueinander: „So kann das nicht weitergehen. Wir werden alle sterben." Das rechte Bein bemerkte ein wenig kleinlaut: „So hatte ich mir das nicht vorgestellt." Da meldete sich der Kopf und alle anderen Stimmen verstummten: „Was seid ihr einfältig! Wir sind doch ein Körper. Wir gehören alle zusammen und jeder hat hier seine Aufgabe, damit alles funktioniert. Der Magen mag sich zwar nicht zeigen, aber auch er verrichtet seine Arbeit, ohne dass ihr es seht. Und damit versorgt er uns alle, genauso wie alle anderen Organe, die ihr nicht mehr tragen wolltet. Nur wenn jeder Teil unseres Körpers mitwirkt, kann er gut funktionieren. Hört also auf zu murren und zu meckern." Da schämten sich die Gliedmaßen ein wenig und begannen, den Magen wieder mit Nahrung zu versorgen.

Warum muss ich mein Essen kauen?

Nicht nur die Reise unserer Nahrung in den Körper beginnt im Mund, sondern hier findet bereits der erste Schritt der Verdauung statt. Manchmal haben wir es sehr eilig, kauen nicht gründlich und schlucken rasch. Meistens geht es einem nicht so gut danach.

Versuch

Speichelchemie

Das brauchst du:

- Banane
- Teller
- Gabel
- Löschpapier
- Weißbrot
- evtl. Jodlösung

Verdauung durch Kauen

Was passiert mit dem Essen, wenn wir es in den Mund gesteckt haben? Dann wird es durch Kauen zerkleinert. Lege ein Stückchen Banane auf den Teller und zerkleinere es mit der Gabel.

Verdauung durch Speichel

Hast du schon mal erlebt, dass etwas aus dem Mund gespritzt ist, obwohl der Mund eigentlich leer war?

1. Halte ein Löschblatt an den geöffneten Mund. Hat es auf das Papier gespritzt? Oder hast du stattdessen vielleicht gemerkt, wie sich etwas Wässrig-Flüssiges in deinem Mund sammelt? Das ist Spucke oder auch Speichel. Dieser Speichel ist für die Verdauung ganz wichtig, denn er verändert die Nahrung schon im Mund.

2. Nimm ein Stück Weißbrot und beginne, es zu kauen. Wie schmeckt es? Gut? Wie noch? Ein bisschen salzig? Dann kaue weiter. Wie schmeckt das Brot jetzt? Eher süß, oder? Das liegt am Speichel, der einen Teil des Brotes schon für unseren Körper verändert hat. Brot und Bananen enthalten

Zucker als lange, unsichtbare Ketten, die aber nicht süß schmecken. Die nennt man Stärke. Der Speichel spaltet die Ketten in süßen Zucker.

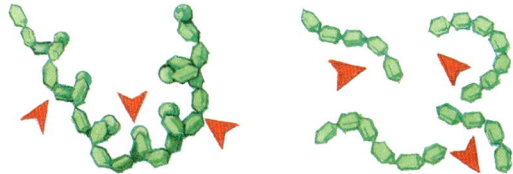

3. Falls es bei dir zu Hause Jod gibt, dann kannst du diese Veränderung auch sichtbar machen.
Lasse dir von einem Erwachsenen helfen, ein paar Tropfen Jod auf ein frisches Stück Weißbrot und vielleicht auch auf ein Stück Banane zu geben. Was kannst du sehen? Es entsteht ein schwarzer Fleck. Das liegt daran, dass Jod und Stärke reagieren.

Jetzt legst du das gut gekaute Weißbrot, das schon süßlich schmeckt, daneben und tropfst Jod darauf. Wird es auch schwarz? Nein! Denn die Stärke ist ja durch den Speichel schon verändert worden. Das kannst du auch mit der Banane prüfen, indem du Speichel darauf streichst und Jod an diese Stelle tropfst. Auch hier wird die Banane nicht mehr schwarz. Das ist echte Chemie, die unser Körper da betreibt!

Was passiert in meinem Bauch?

Das Essen wandert nun gut gekaut in den Bauch, um dort weiterverarbeitet zu werden. Bevor unser Körper das herausholen kann, was er braucht, muss die Nahrung jedoch noch mehr zerkleinert werden. Das passiert im Magen. Wenn das Essen nicht gut genug gekaut wurde, kann es sein, dass zu große Essensstücke im Magen landen. Davon bekommt man Bauchschmerzen.
Je besser das Essen gekaut wurde, desto einfacher ist die Verdauung.

Manchmal sehen wir mehr von unserem Mageninhalt, als uns lieb ist, nämlich wenn uns übel ist und wir erbrechen müssen. Das brennt dann ganz unangenehm, schmeckt scheußlich und stinkt sauer. Woran liegt das?

Versuch

Säurewirkung

Das brauchst du:
- rohes Ei
- Essig
- verschraubbares Glas

1. Leg das rohe Ei vorsichtig in das Glas und fülle so viel Essig ein, dass es ganz bedeckt ist. Bevor du den Deckel daraufschraubst, riech noch kurz an dem Essig. Sauer, oder?

2. Nun lässt du das Glas für ein bis zwei Tage an einer Stelle stehen. Schau aber immer wieder genau hin, was du beobachten kannst. Was siehst du gleich zu Beginn? Kleine Bläschen. Später gibt es dann beschädigte Stellen in der Schale. Und wie sieht das Ei aus, wenn du es nach zwei Tagen herausnimmst und abwäschst?

Das Ei ist jetzt ganz weich und beweglich, denn die Kalkschale ist durch die Säure zerstört worden. Vorsicht, nun schützt nur noch eine dünne Haut das Eiweiß und Eigelb im Inneren.

Ähnlich zersetzt auch die Magensäure unsere Nahrung – und tötet so ganz viele Bakterien schon ab, bevor sie Unheil anrichten.

Kaum zu glauben

Nimmersatt

Die alten Römer haben sich übrigens früher nicht so sehr vor diesem sauren Geruch und Geschmack geekelt. Ihnen war es wichtiger, sehr viel essen zu können. Daher haben sie sich selbst mit einer Feder im Hals gekitzelt, um wieder Platz für neues Essen zu schaffen. Das ist ganz schön dreist, wenn man bedenkt, wie viele Menschen gar nichts zu essen haben. Oder?

Wie bekommt der Körper die Nährstoffe aus dem Essen?

Bisher ist das Essen auf seiner Reise durch den Körper im Magen ständig noch weiter zerdrückt und verflüssigt worden. Aber wie bekommt denn unser Körper nun die Nährstoffe aus dem Brei? Und wo gehen die alle hin?

Versuch

Saugzotten

Das brauchst du:
- 2 Schwammtücher ▸ 2 Messbecher
- Hefter ▸ Eimer mit Wasser ▸ Schere

1. Aus den beiden Schwammtüchern schneidest du etwa 4 cm breite Streifen. Ein Streifen, der glatt auf dem Tisch liegt, ist das erste Darmmodell.

2. Dann baust du ein zweites Darmmodell, indem du drei Streifen aneinanderheftest und in Wellen legst. Die Berg-und-Tal-Landschaft soll genauso lang sein wie das glatte Stück.

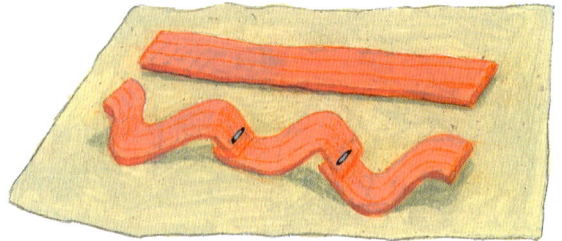

3. Tauche jetzt beide Darmmodelle nacheinander in einen Eimer voll Wasser. Drücke anschließend das eine über dem einen und das andere über dem anderen Messbecher aus. Wenn du jetzt die Wassermengen vergleichst, was siehst du?

In dem Messbecher, über dem das gewellte Darmmodell ausgewrungen wurde, ist mehr Wasser enthalten. Dies liegt daran, dass die Oberfläche viel größer ist als bei dem glatten Schwammstreifen. So ist es auch mit den Nährstoffen im Darm.

Zum Staunen

Wie groß ist der Darm?

Der Darm ist wie ein langes, aufgewickeltes Rohr, aus dem unser Körper die für ihn wichtigen Nährstoffe herausholt. Das Unwichtige gibt er am Ende ab. Dieses Rohr ist etwa 8 m lang und hat ein paar Zentimeter im Durchmesser. Damit kommt es auf eine Fläche von gerade Mal einer Fußmatte. Ein Blick ins Mikroskop zeigt aber, dass die innere Darmoberfläche ganz viele winzige Finger hat, die von den Darmzellen überzogen sind. Durch die unzähligen kleinen Finger im Darm vergrößert sich dessen Oberfläche auf die eines Fußballfeldes. Mit dieser riesigen Fläche in unserem Darm lassen sich nun die Nährstoffe viel wirksamer und schneller aufnehmen, als wenn die Fläche einfach glatt wäre.

Nun sind aus unserem Nahrungsbrei die wertvollen Vitamine und Nährstoffe in den Körper gezogen worden. Was ist aber mit dem Rest? Der wird im Dickdarm „trockengelegt", sodass der Stuhlgang, also das, was in der Toilette landet, nicht mehr breiig, sondern fest ist.

Versuch

Trockenlegung

Das brauchst du:
- geriebene Kartoffeln
- Geschirrtuch

Lasse dir von einem Erwachsenen die Kartoffeln reiben. Diese feuchte Masse füllst du nun mittig in ein sauberes Geschirrtuch. Nimm die Enden fest zusammen, sodass die Masse wie in einem kleinen Beutel gut im Geschirrtuch verschlossen ist, und presse sie über der Spüle oder einem Teller aus. Du kannst sie dabei im Geschirrtuch auswringen wie ein nasses Handtuch.

Wenn du kräftig gewrungen hast, lasse einen Erwachsenen versuchen, noch mehr Flüssigkeit herauszupressen. Kommt wirklich nichts mehr, faltest du das Tuch aus-

einander. Wie fühlt sich die Masse jetzt an? Ist sie noch feucht? Auch unser Dickdarm entzieht dem Nahrungsbrei Flüssigkeit, bis er fast, aber eben nicht ganz trocken ist.

TIPP Wenn du die Masse mit etwas Stärke und Salz verknetest, kannst du jetzt kleine Klöße formen. Lass sie in Salzwasser 20 min sieden und fertig sind die leckeren Kartoffelklößchen.

Für Eltern

Bakterien im Darm

In unserem Darm können wir bis zu einem Kilogramm Bakterien mit uns herumtragen, die zum Beispiel bei der Verdauung helfen und uns sogar mit Vitaminen versorgen können. In diesem Kilogramm gibt es übrigens mehr bakterielle Zellen, als wir eigene Zellen im Körper haben. Das ist möglich, weil Bakterienzellen hundertmal kleiner sind als unsere eigenen Zellen.

WICHTIG! Zwischen den fast 100 Arten von Darmbakterien landen auch solche, die uns krank machen können. Das löst meist heftigen Durchfall aus, mit dem unser Körper versucht, die Bösewichter ganz schnell wieder loszuwerden. Gefährlich ist daran nur, dass wir dabei schnell viel Wasser und Salze verlieren. Darum ist es wichtig, bei Durchfall viel zu trinken und zum Beispiel Salzstangen und Bananen zu essen, die wertvolle Salze enthalten.

Warum muss denn Brot zur Wurst?

Wirst du auch immer wieder ermahnt, nicht eine Wurstscheibe nach der anderen zu essen? Dabei schmeckt Wurst ohne Brot doch viel besser. Und schneller geht das auch. Was an Gemüse so toll sein soll, wissen auch nur die Erwachsenen. Oder?

Was steckt denn in unserer Nahrung, das wir für unseren Körper brauchen? Es gibt drei wichtige Nährstoffgruppen, die in verschiedenem Essen stecken. Errätst du sie? Schaue mal auf dem Bild, welche Lebensmittel du erkennst.

Zum Singen

Laurentia, liebe Laurentia mein

Lau - ren - tia, lie - be Lau - ren - tia mein, wann
wol - len wir wie - der bei - sam - men sein? Am Sonn -
tag. Ach wenn es doch end - lich schon Sonn - tag wär und
ich bei mei - ner Lau - ren - tia wär, Lau - ren - tia!

1. Strophe Laurentia, liebe Laurentia mein,
wann wollen wir wieder beisammen sein?
Am Sonntag!
Ach wenn es doch endlich schon Sonntag
    wär
und ich bei meiner Laurentia wär, Laurentia!

2. Strophe Laurentia, liebe Laurentia mein,
wann wollen wir wieder beisammen sein?
Am Montag!
Ach wenn es doch endlich schon Sonntag,
    Montag wär
und ich bei meiner Laurentia wär, Laurentia!

3. Strophe Laurentia, liebe Laurentia mein,
wann wollen wir wieder beisammen sein?

Am Dienstag!
Ach wenn es doch endlich schon Sonntag,
    Montag, Dienstag wär
und ich bei meiner Laurentia wär, Laurentia!

usw. bis „Samstag"

So wird's gemacht

Stellt euch in einem Kreis auf und fasst
euch an den Händen. Bei dem Wort
„Laurentia" und bei jedem Wochentag geht
ihr alle zusammen in die Hocke. Werdet
immer schneller und denkt euch doch noch
ein paar andere Bewegungen aus!
Ganz schön anstrengend, oder? Dafür benö-
tigst du Energie. Aber woher kommt die?

Zum Basteln

Nährstoffplakat

Das brauchst du:

- großes Blatt Papier
- gelbes Tonpapier
- oranges Tonpapier
- rotes Tonpapier
- Schere
- Kleber
- Lebensmittelwerbung

Halbiere alle Tonpapiere der Länge nach und klebe sie nebeneinander auf das große Blatt Papier.

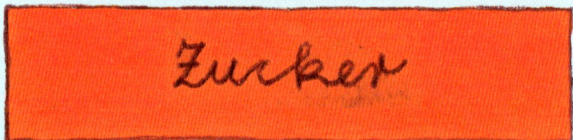

Fette

Eiweiß

Zucker

Jetzt geht es los: Welche Lebensmittel findest du in den Werbeprospekten? Schneide sie aus und versuche, sie den drei Gruppen zuzuordnen. Wie ist das mit Butter? Weißt du, wohin du sie kleben musst? Oder Äpfel? Bananen? Fisch? Gar nicht so einfach, stimmt's? Die meisten Nahrungsmittel enthalten von allen drei oder zumindest zwei Nährstofftypen etwas. Ordne sie dem Nährstoff zu, von dem sie deiner Meinung nach am meisten enthalten.

Woher bekommen wir unsere Energie?

Versuch

Fett und Zucker finden

Das brauchst du:

- Banane Weißbrot
- Salami (oder andere Wurst)
- Butter
- gekochtes Ei
- 2 Teller Messer
- Löschblatt
- Jodlösung (aus der Apotheke)

Lege alle Lebensmittel auf den Tisch vor dich hin. Schneide immer zwei Stücke ab und lege sie auf die Teller – auf jeden eins.

1. Im ersten Schritt werden die Lebensmittel auf Fett getestet. Was passiert, wenn man Butter oder Öl auf ein Blatt Papier oder auf die Hose schmiert? Es gibt einen hässlichen Fleck. In diesem Versuch sind Flecken zwar erlaubt, aber natürlich nicht auf der Kleidung! Stelle nun einen Teller mit Teststücken vor dich hin, nimm dann

das Löschblatt und schneide fünf Rechtecke heraus. Auf das erste schreibst du BANANE und legst es auf das Bananenstück. Wird es ein bisschen nass oder fettig? Lege es danach zur Seite und schreibe auf das nächste Stück Löschblatt BUTTER. Drücke es ebenfalls kurz auf die Butter und lege es dann neben das andere Löschblatt auf den Tisch. So machst du weiter, bis alle Lebensmittel getestet sind.

Kann man an den Löschblättern etwas erkennen? Die Flecken, die nicht getrocknet, sondern gut sichtbar sind, sind bei Butter und Wurst entstanden. Diese beiden Lebensmittel enthalten demnach viel Fett.

2. Im zweiten Schritt testest du die Nahrungsmittel auf dem anderen Teller mit Jod. Warum Jod? Schaue dazu in das Experiment „Verdauung im Mund" (→ S. 56). Mit dem Jod lässt sich Stärke finden, die von unserem Körper in Zucker umgewandelt wird. Tropfe auf jedes Lebensmittelstück einen Tropfen Jod. Was kannst du beobachten? Das Weißbrot wird ganz schnell schwarz. Es enthält viel Stärke, also Energie für unseren Körper. Erinnerst du dich, was noch viel Stärke enthält?

Reibe mal die Hände aneinander. Wie fühlt sich das an? Warm. Für diese Wärme hat unser Körper Energie gebraucht. Die erhält er aus Kohlenhydraten (Stärke/Zucker) und Fetten.

Wozu brauche ich Eiweiß?

Eiweiße nennt man auch Proteine. Sie heißen auch so, wenn sie gar nicht im Ei stecken. Diese Proteine können wir wie Fett und Zucker als Brennstoffe verwenden, aber auch als Baustoff für unseren Körper.

Für Eltern

Unser Körper besitzt viele Vorratslager: in der Leber, den Muskeln und im Fettgewebe. Diese werden mit dem Zucker und Fett aus unserer Nahrung gefüllt. Das Ganze steuert ein Stoff, der Insulin heißt. Wenn ein Körper dieses Insulin nicht mehr herstellen kann, fehlt der Befehl, die Lager aufzufüllen. Zucker und Fett bleiben also im Blut, was den Wänden der Blutgefäße schadet. Das nennt man Zuckerkrankheit oder Diabetes. Heute kann man dieses Insulin aber mit einer Spritze von außen zuführen, sodass dann Zucker und Fett doch in die Lager wandern können.

Warum muss ich Obst und Gemüse essen?

Stelle dir vor, in der Burg kommt eine große Fuhre frischer Lebensmittel an: Fleisch, Gemüse, Obst und Getreide. Der Koch soll daraus für alle Burgbewohner gehaltvolle Speisen bereiten. Da merkt er plötzlich, dass das Salz aus ist. Was soll er nur machen?

Da Salz nicht in der Burg hergestellt werden kann, muss es außerhalb besorgt werden. Genauso ist das mit anderen wichtigen Stoffen, die der Körper braucht, den Vitaminen. Der Körper benötigt sie, um Lebensmittel zu verwerten, und für komplizierte andere Vorgänge – selbst herstellen kann er sie nicht. Da Vitamine nur in sehr kleinen Mengen in unserem Essen vorkommen, müssen wir sehr genau darauf achten, was wir essen, damit wir immer genug davon bekommen. Bestimmt hast du schon oft gehört, dass du viel Obst, Gemüse und Salat essen sollst. Jetzt weißt du, warum.

Vitamine zu finden, ist gar nicht so einfach. Dazu muss viel geforscht werden – mit wertvollen Instrumenten und viel Geduld. Manche Vitamine kann man jedoch leicht beobachten. Probier es selbst aus!

Zum Singen

In einem kleinen Apfel

In_ ei - nem klei-nen Ap-fel, da_ sieht es lus-tig aus, es_
sind da - rin fünf Stüb - chen, grad wie in ei - nem Haus.

2. In jedem Stübchen wohnen
zwei Kernchen, schwarz und klein,
die liegen drin und träumen
vom warmen Sonnenschein.

3. Sie träumen auch noch weiter
gar einen schönen Traum,
wie sie einst werden hängen
am schönen Weihnachtsbaum.

Versuch

Vitamin C erkennen

Das brauchst du:
- 3 Äpfel verschiedener Sorten
- Zitronensaft
- 3 Teller ▸ Messer

Schneide von jedem Apfel zwei Stücke ab und lege jeweils eine Sorte auf jeden Teller. Jetzt träufelst du immer auf eines der beiden Apfelstückchen Zitronensaft.

Was ist zu beobachten?
Die Apfelstücke färben sich mit der Zeit braun. Es gibt aber eine Ausnahme auf jedem Teller: das Stück mit dem Zitronensaft. Der verhindert nämlich das Oxidieren. So nennt man es, wenn sich etwas mit dem Sauerstoff in der Luft verbindet. Der Apfel mit dem Zitronensaft verfärbt sich deshalb nicht, weil viel Vitamin C im Zitronensaft steckt.

Vitamintabelle

Vitamin	Ist gut für z. B.	Steckt in z. B.
A	Augen Haut Zähne	Leber Karotten Löwenzahnblätter
D	Knochen Zähne	Lebertran Fisch Avocado
E	Bildung roter Blutkörperchen Heilung von Wunden	Weizenkeimöl Sonnenblumenöl Fenchel
B6	Nährstoffumsetzung Wachstum Immunsystem	Lachs Bananen Milch
B9 (Folsäure)	Wachstum Blutbildung	Eier Grünkohl Spinat
C	unsere Abwehr von Krankheiten, das Immunsystem Knochen Zähne Heilung von Wunden	Sanddornbeerensaft Brokkoli Schwarze Johannisbeere

Quelle: GU Kompass, Vitamine, Unger-Göbel

Die oberen drei Vitamine kann unser Körper am besten verarbeiten, wenn wir sie gleichzeitig mit Öl zu uns nehmen. Das nennt man fettlöslich. Deshalb ist es wichtig, den Karottensalat mit ein wenig Öl zuzubereiten. Die unteren drei sind dagegen wasserlöslich, das heißt, wir können diese Vitamine leicht ohne Fett aufnehmen. Du brauchst deine Banane also nicht zu buttern.

Alle Sinne

Warum kann ich schmecken?

Gibt es etwas, das du besonders gerne isst oder trinkst? Und was magst du überhaupt nicht? Wo merkst du denn, dass etwas schmeckt oder eben auch nicht? Und wozu ist es überhaupt gut zu schmecken? Hast du eine Idee?

Wenn du schon mal saure Milch getrunken hast, kannst du dir bestimmt denken, weshalb es so wichtig ist zu schmecken. Die Geschmacksnerven warnen uns vor schlechtem Essen oder Trinken, das uns krank macht. Aber wo sind diese Geschmacksnerven? Im Mund, richtig. Und wo genau? Stecke dir etwas in den Mund, das du sehr gerne isst, und kaue es ganz bewusst und langsam. Wo im Mund schmeckst du, dass es gut schmeckt? Auf der Zunge!

Versuch

Geschmackstest

Das brauchst du:
- Zitronensaft
- Orangensaft
- Bitterschokolade
- Vollmilchschokolade
- Salzstange
- Schal oder Halstuch

Bei diesem Versuch darfst du essen und du brauchst einen Partner. Überlegt euch, wer zuerst der Feinschmecker sein soll. Die Testperson darf die Speisen vorher nicht sehen. Ihr könnt zwischendrin tauschen und den Test mit anderen Lebensmitteln durchführen.

1. Als Erstes werden der Testperson die Augen verbunden. Dann erhält sie ein kleines Stück Vollmilchschokolade. Wie schmeckt das? Gut! Jetzt lasse es aber ganz genüsslich auf der Zunge zergehen. Kannst du es ganz vorne auf die Zunge legen? Wie schmeckt es dann? Und in der Mitte? An den Seiten? Hinten?

2. Jetzt macht denselben Test mit einem Schluck Orangensaft, einem Schluck Zitronensaft, mit der Salzstange und der Bitterschokolade. Konntet ihr immer beschreiben, wie etwas schmeckt?
Hat alles auf allen Teilen der Zunge gleich geschmeckt? Wo war der Geschmack am intensivsten?

Wir schmecken mit kleinen Papillen, das sind winzige Erhebungen auf unserer Zungenoberfläche. Sie stehen an den Rändern besonders dicht. Deshalb schmeckt ein Stück Schokolade auf der Zungenmitte nur halb so gut wie eines, das man an den Zungenrändern entlang lutschen kann.

Kann man mit der Nase schmecken?

Auch unsere Nase ist beim Schmecken beteiligt. Teste selbst, vielleicht gleich mit dem Orangensaft. Trinke einen Schluck und halte dir dabei die Nase zu. Jetzt lässt du sie wieder frei atmen und trinkst noch einen Schluck. Merkst du einen Unterschied? Teste auch den Zitronensaft und die Schokolade.

Unsere Nase unterstützt die Papillen. Deshalb ist es auch leichter, bittere Medizin zu nehmen, wenn man sich dabei die Nase zuhält. Probiere es beim nächsten Mal selbst aus und teste den Unterschied.

Warum kann ich riechen?

Hat es auch einen Sinn, dass wir riechen können? Natürlich ist es schön, einen angenehmen Duft zu riechen. Aber wenn die Felder mit Jauche besprüht wurden oder ein Auspuff direkt vor unserer Nase Abgase ausstößt, kann einem schlecht werden von dem Gestank. Warum müssen wir das alles riechen?

Unser Geruchssinn ist wie der Geschmackssinn ein Wächter in unserer Burg. Er warnt uns vor schlechter Nahrung und vor Gefahren.

Hast du schon mal zu Hause Kuchen oder Plätzchen gebacken? Was konntest du riechen? Nach einer gewissen Zeit begann das Gebäck, wundervoll zu duften. Ist es aber auch schon mal passiert, dass der Kuchen oder die Plätzchen zu lang im Backofen waren? Dann sind sie verbrannt und das hat bestimmt furchtbar gestunken.

Versuch

Geruchstest

Das brauchst du:
- Nugatcreme
- Waschpulver
- Essig
- Käse
- Löffel
- Schal oder Halstuch

Auch für diesen Versuch brauchst du einen Partner. Der Testperson werden wieder die Augen verbunden und dann wird geschnüffelt. Wie riecht das Waschpulver? Und bei welchen Lebensmitteln bekommst du Appetit?

TIPP Wechselt euch mit dem Riechen ab, denn irgendwann ist die Nase überfordert und kann die unterschiedlichen Gerüche nicht mehr wahrnehmen. Wer ist der bessere Schnüffler?

Für Eltern

Geruchssinn

Obwohl unsere Nase nicht so fein ist wie die von Hunden und anderen Tieren, können wir ungefähr 5.000 verschiedene Gerüche wahrnehmen. So fällt es uns leicht, den Geruch von Lavendel, alten Socken, Gülle, dem Meer oder einer Bratwurst zu unterscheiden und uns auch sogleich daran zu erinnern. Was wir neben den Nasenlöchern dafür brauchen, ist ein Teil des Gehirns, Riechkolben genannt, an dem unsere Atemluft ständig beim Atmen vorbeistreicht. Auf dem Riechkolben sitzen Tausende von kleinen Sensoren, auch Rezeptoren genannt, die die kleinen Stoffe in der Luft binden und daraufhin Nervensignale bilden. Diese werden dann in das Gehirn weitergeleitet.

Der Riechkolben ist eines der ältesten Sinnesorgane der Tiere. Es war schon immer besonders wichtig, um Nahrung auch im Dunkeln finden zu können.

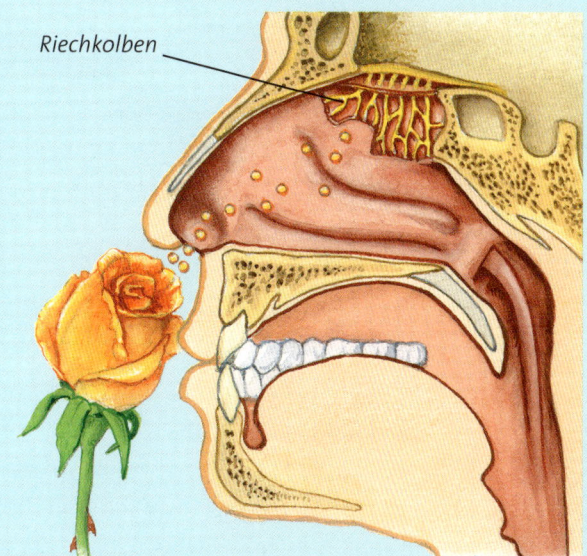

Riechkolben

Wozu brauche ich eine Fahrradklingel?

Manchmal geht es ganz schön laut zu draußen auf der Straße. Autos hupen, Fahrradklingeln schrillen und obendrein jagt die Feuerwehr oder ein Krankenwagen mit lautem Tatütata an den anderen Fahrzeugen vorbei. Jeder weiß: Ich muss Platz machen. Dies ist ein Notfall. Alarmsirenen warnen vor Gefahren. In einer Burg früher waren das Sturmglocken, die z. B. einen feindlichen Angriff ankündigten.

Spiel

Bello, dein Knochen ist weg!

Für dieses Spiel brauchst du einige Mitspieler. Ein Kind sitzt mit verbundenen Augen auf einem Stuhl. Das ist Bello. Bello soll seinen Knochen bewachen, der unter dem Stuhl liegt. Der Knochen ist im Spiel ein Schlüsselbund mit möglichst vielen Schlüsseln. Alle anderen Kinder sitzen in einem großen Kreis auf dem Boden um den Stuhl herum und sind mucksmäuschenstill.

Der Spielleiter, den ihr vorher ausgewählt habt, zeigt auf ein Kind. Dieses versucht, sich ganz, ganz leise an den Stuhl heranzupirschen und den Schlüsselbund zu entwenden. Wenn Bello etwas hört, greift er schnell in diese Richtung und kann den Dieb so ertappen.

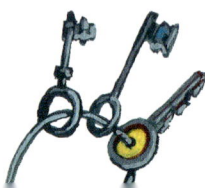

Wer den Schlüssel ergattert, darf als Nächstes Bello sein.

Überlege mal: Wie hat Bello seinen „Knochen" bewacht? Mit seinem Gehör! Aber wie ist das Geräusch entstanden, das ihn auf den Dieb aufmerksam gemacht hat?

Versuch

Geräusche sind Bewegung

Das brauchst du:
- Kunststofflineal
- Tisch

Kann man mit einem Lineal Geräusche machen? Ja! Aber wie? Es gibt viele verschiedene Möglichkeiten:

1. Man kann es einfach durch die Luft schwingen.
2. Man kann mit dem Lineal auf andere Gegenstände klopfen.
3. Man kann es auf eine Tischkante legen und den freien Bereich schwingen lassen.

Alles macht Geräusche. Aber was ist all diesen Lösungen gemein?
Immer ist das Lineal in Bewegung. Überprüfe diese Beobachtung in deiner Umgebung. Gehe dazu einfach den Geräuschen nach, die du hören kannst, und finde heraus, wie sie entstehen. Ist wirklich immer etwas in Bewegung?

Mit deinem Lineal kannst du sogar Musik machen. Wenn du es an der Tischkante schnalzen lässt, ändere doch mal in kleinen Schritten die Länge des überstehenden Linealendes. Jedes Mal lässt du es schnalzen und hörst ganz genau hin.

DSSS

Der Ton verändert seine Höhe. Wenn das Lineal weit überhängt, ist der Ton tief. Wenn es kurz ist, dann ist der Ton hoch. Wo gibt es das noch? Schaue auf der nächsten Seite nach.

6-7

Bilderrätsel

Instrumentengeschwister

Hier siehst du einige Instrumente. Zwei sind immer von derselben Instrumentenfamilie. Weißt du, welche? Jeweils eines der beiden Instrumentengeschwister macht einen höheren Ton als das andere. Kennzeichne die hohen Instrumente mit einem roten Punkt im Kästchen und die tiefen mit einem blauen.

Auflösung auf S. 109

Zum Singen

Es tönen die Lieder

Kanon zu 3 Stimmen

Es tö - nen die Lie - der, der Früh - ling kehrt wie - der, es

spie - let__ der__ Hir - te auf sei - ner__ Schal - mei: la

la la la la la la la___ la la la la la la la la la.

Wer trommelt auf dem Trommelfell?

Alles, was klingt, ist in Bewegung. Bei einer Geige schwingt zum Beispiel die Saite, die den Ton erzeugt. Und eine Trommel wird durch Schlagen der Trommel-Membran in Bewegung gesetzt. Das kann ganz schön laut sein!

Hast du schon mal vom Trommelfell im Ohr gehört? Bei starkem Lärm droht es zu platzen. Auch beim Reinigen der Ohren mit Wattestäbchen muss man immer aufpassen. Dieses Trommelfell scheint also ziemlich wichtig zu sein. Warum eigentlich? Schaue dir dein Ohr im Spiegel an. Was

kannst du sehen? Das, was man die Ohrmuschel nennt. Sie ist der Trichter, der möglichst viele Schallwellen einfängt. Schallwellen sind unsichtbare Wellen, die durch Bewegung entstehen und sich in der Luft ausbreiten. Die Technik steckt jedoch im Ohr und ist von außen nicht sichtbar.

Knöchelchen: Hammer,
Amboss, Steigbügel

Gehör-
gang

Trommel-
fell

Hör-
schnecke

Ohrmuschel

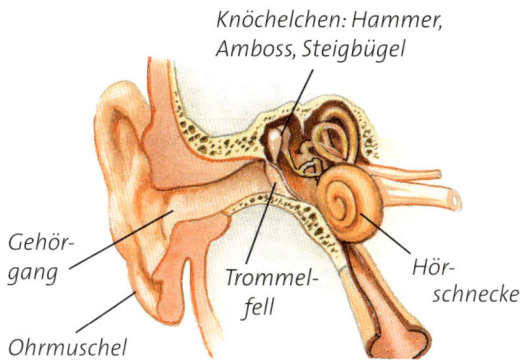

Von der Ohrmuschel aus wandern die
Schallwellen auf das Trommelfell im
Inneren des Gehörganges. Der Schlag, der
dort ankommt, landet schließlich hinter
dem Trommelfell auf einer Art Verstärker,
den Knöchelchen Hammer, Amboss und
Steigbügel.

Wir hören nämlich
eigentlich nicht

mit der

sondern
mit einer

Diese ist natürlich keine echte Schnecke.
Sie heißt nur so, weil sie so ähnlich aussieht. Wenn die Schallwellen von der sogenannten Schnecke aufgegriffen wurden,
werden sie in Signale an unser Gehirn
übersetzt. Die Schnecke ist mit zäher Flüssigkeit und klitzekleinen Härchen gefüllt.
Damit sich die Flüssigkeit bewegt, müssen
die Schallwellen also zunächst verstärkt
werden.

Versuch

Schallwellen

Das brauchst du:
▶ Holztisch oder -tür ▶ Dominosteine

Macht es einen Unterschied, durch welchen Stoff die Schallwellen reisen? Probiere es selbst aus.

1. Klopfe mit einer Hand an die Tür oder
auf die Tischplatte. Merke dir das Geräusch und halte jetzt dein Ohr direkt an
die Tischplatte oder die Tür. Klopfe wieder.
Was fällt dir auf? Es ist viel lauter. Aber
wieso ist das so?

2. Nimm ein paar Dominosteine und stelle
sie in einer Reihe hintereinander auf. Jetzt
stößt du den vordersten Stein an und
schaust, was passiert. Fallen sie alle nacheinander um? Und wie ist es, wenn du die
Steine näher zusammen- oder weiter aus-
einanderstellst?

Wenn die Teilchen eines Stoffes wie bei
der Luft weiter auseinanderstehen, kann
der Schall nicht so gut wandern. Bei Holz
stehen sie näher beieinander und der
Schall wird besser weitergeleitet. Deshalb
ist es lauter, wenn du dein Ohr direkt an
das Holz hältst.

Was macht eine Brille?

Kennst du jemanden, der eine Brille trägt? Oder vielleicht trägst du selbst eine? Ganz sicher hast du schon einmal ausprobiert, wie es ist, durch eine Lupe zu schauen. Warum kann man denn mit einer Brille oder Lupe besser sehen?

Versuch

Augenmodell

Das brauchst du:

▶ Lupe ▶ Knetmasse
▶ Glaskugel-Vase
▶ Butterbrotpapier
▶ Klebestreifen
▶ Kerze ▶ Streichhölzer

1. Stelle die Kerze auf einen Tisch. In etwa 10 cm Entfernung befestigst du die Lupe mit Knetmasse so auf dem Tisch, dass die Kerze durch die Lupe sichtbar ist und sich gleichzeitig auf der Höhe der Kugelvase befindet. Die Vase stellst du wiederum dahinter, füllst sie mit Wasser und beklebst sie auf der Rückseite mit dem Butterbrotpapier.

2. Jetzt verdunkelst du den Raum, lässt einen Erwachsenen die Kerze anzünden und beobachtest genau, was passiert.

So wie sich die Kerzenflamme auf dem Butterbrotpapier zeigt, so entsteht auch ein Bild auf unserer Netzhaut hinten im Auge: nämlich auf dem Kopf. Erst unser Gehirn dreht es für uns wieder um.

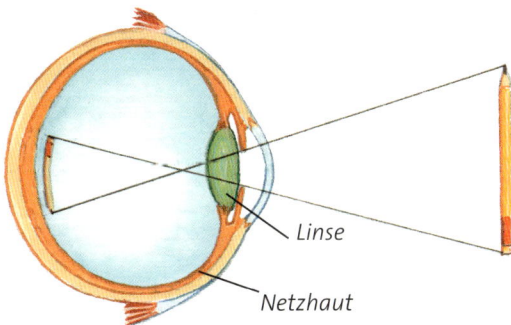

Linse

Netzhaut

Manche Sehschwächen kann man mit einer Brille ausgleichen. Dann kommt vor die Linse, die Lupe in unserem Modell, noch eine Lupe oder eben eine Brille. Halte mal eine Brille vor die Lupe im Augenmodell und schaue, was passiert. Verändere dabei schrittweise die Abstände zwischen Lupe und Vase, Kerze, Brille und Augenmodell.

Und wenn man gar nichts mehr sehen kann, was ist dann?

Wenn unsere Augen nicht funktionieren, nennt man das blind. Damit auch Blinde ohne ihre Augen lesen können, hat ein Herr Braille eine eigene Blindenschrift erfunden. Bestimmt hast du schon mal die Punkte auf den Aufzugstasten gesehen.

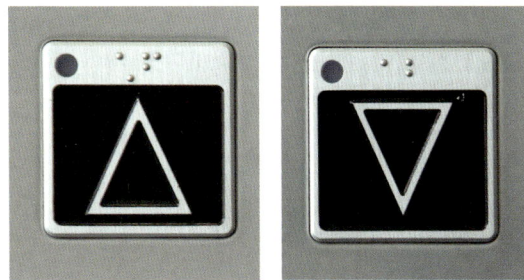

Versuch

Brailleschrift tasten

Das brauchst du:
▶ leere Medikamentenverpackungen
▶ Papier
▶ Stift
▶ Tuch zum Verbinden der Augen

Nimm eine Verpackung mit Brailleschrift, lasse dir die Augen verbinden und versuche, die Punkte zu ertasten. Kannst du ein Muster erkennen? Ja? Dann taste genau, merke es dir und male es danach mit Punkten auf ein Blatt Papier. Stimmt es mit dem Muster auf der Verpackung überein? Blindenschrift zu lesen, ist für Sehende ganz schön schwierig. Unser Tastsinn ist oft nicht besonders gut trainiert.

Was ist los, wenn ich „auf der Leitung sitze"?

Hast du dir schon mal überlegt, wie es funktioniert, dass dein Körper meistens genau das macht, was du gerade möchtest? Stell dir vor, in deinem Körper arbeiten ganz viele Boten, die hin und her rasen, um Botschaften weiterzugeben.

Wenn wir etwas sehen, sendet unser Auge eine Information an das Gehirn. Möchtest du zum Beispiel ein Glas Wasser trinken, gibt das Gehirn den Befehl „Zugreifen!" und sendet eine Botschaft an die Hand, die dann zupackt. Die Botschaften rasen in Windeseile durch unsere Nervenzellen: vom Sehnerv ins Gehirn und von dort in die Nerven der Handmuskeln.

Versuch

Reaktionstest

Das brauchst du:
- etwa 4 cm breiter
und 20 cm langer Streifen Papier
- Farbstifte

Der Papierstreifen ist dein Teststreifen. Am besten malst du ihn wie eine Ampel rot, gelb und grün an. Damit die Felder kleiner werden, kannst du ja noch Hell- und Dunkelrot und -grün verwenden.

Nun hältst du die Hand, mit der du schreibst und malst, so vor dich hin, als wolltest du ein Glas anfassen. Mit der anderen Hand hältst du den Streifen mit den Ampelfarben, also oben Rot und unten Grün, über die geöffnete Hand. Lasse den Papierstreifen los und greife mit der offe-

nen Hand, so schnell du kannst, zu. Wann hast du das Papier erwischt? Weit unten schon im grünen Bereich oder eher oben im roten? Bitte nun eine andere Person, den Versuch durchzuführen. Wie schneidest du nun im Vergleich ab?

Manchmal können die Informationen nicht schnell genug weitergeleitet werden und dann passiert es, dass wir zu langsam schalten. Vielleicht hast du schon einmal einen Ball an den Kopf bekommen, weil du zu spät gesehen hast, dass jemand ihn dir zugeworfen hat. Bei all den Befehlen, die der Körper gleichzeitig ausführen muss, kann das schon mal passieren!

Für Eltern

Nervenzellen

Neben Muskelzellen sind Nervenzellen die ungewöhnlichsten Körperzellen. Sie befinden sich in riesiger Zahl im Gehirn und auch außerhalb, zum Beispiel im Rückenmark. Manche Nervenzellen können bis zu einem Meter lang werden. Oft sind ihre langen Fortsätze zu Strängen, den Nerven, gebündelt. Nervenzellen können von anderen Nervenzellen viele Reize aufnehmen und verarbeiten. Als Folge davon kann die gereizte Nervenzelle dann selber ein starkes Signal produzieren und zum Beispiel einen Muskel zucken lassen. Was passiert, wenn die Muskeln von den Nervenzellen keine Signale mehr bekommen, lässt sich bei Querschnittsgelähmten beobachten.

Mein Körpermodell

Sinnesorgane

Das brauchst du:
- Körpermodell
- Buntstifte

So, wie war das jetzt? Wo steckt der Geschmackssinn? Auf der Zunge. Male sie auf dein Körpermodell, falls du das nicht schon vorher gemacht hast.
Und der Geruchssinn? Der steckt in der Nase! Auch die Nase kannst du jetzt ergänzen. Schmecken, riechen – was fehlt? Hören und sehen. Augen und Ohren vervollständigen das Gesicht deines Körpermodells. Das sieht jetzt wirklich wie ein Mensch aus.

Aber wir haben doch fünf Sinne und nicht vier. Welcher ist uns entgangen? Schmecken, riechen, sehen, hören und – fühlen. Das machen wir vor allem mit der Haut – und die haben wir uns ja schon ausführlich angesehen.

Du sitzt wohl auf deinen Ohren!

Mit unseren Sinnen nehmen wir unsere Umgebung wahr. Wir hören, sehen, fühlen, riechen und schmecken. Weil das so wichtig für uns Menschen und für unser Verständnis der Welt ist, werden diese Sinne oft auch in einer übertragenen Bedeutung benutzt. Das bedeutet, dass sie nicht wörtlich gemeint sind. Weißt du, was diese Sprichwörter und Redensarten bedeuten?

Der Fisch stinkt vom Kopf her.

Ich rieche den faulen Braten.

Liebe macht blind.

Ich sehe den Wald vor lauter Bäumen nicht mehr.

Die Wände haben Ohren.

Lunge, Herz und Blut

Wo kommt denn so viel Puste her?

Was bläst man denn in einen Luftballon? Luft. Wenn der Luftballon besonders groß werden soll, dann muss es viel Luft sein, die hineingepustet wird. Am besten geht das mit einer Ballonpumpe oder du pustest direkt hinein. Aber woher kommt dann die Luft?

Atme mal ganz bewusst ein und wieder aus. Lege dabei ruhig deine Hände an deine Körperseite und auch mal auf die Brust. Spürst du, wie die Luft beim Einatmen in deinen Körper strömt? Wo geht sie denn hin, wenn wir atmen? In den Bauch. Weißt du es noch genauer? In die Lunge. Das ist ein Organ im Brustkorb. Es liegt gut versteckt unter den Rippen. Deshalb ist es auch nicht so leicht zu fühlen, wohin die Luft geht. Spürst du, wie sich dein Brustkorb beim Atmen hebt und senkt?

Wie sieht diese Lunge denn aus? Wie bewegt sie sich? Du kannst mit ganz einfachen Mitteln ein Modell bauen und beobachten, wie die Lunge funktioniert.

Versuch

Lungenmodell

Das brauchst du:

- Kunststoffflasche
- 2 Luftballons
- Schere
- Klebeband

1. Schneide den Boden der Kunststoffflasche und ein großes Stück von einem Luftballon ab. Spanne jetzt das abgeschnittene Luftballonstück über das Loch, sodass es aussieht wie eine Haut. Klebe die Luftballonhaut zusätzlich rundum mit Klebeband fest.

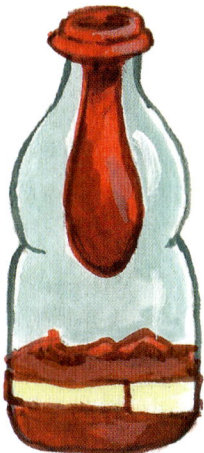

2. Den anderen Luftballon, unsere Lunge in dem Versuch, steckst du nun kopfüber in die Flasche und ziehst jetzt das noch herausschauende Mundstück über den Flaschenhals. Das ist unser Lungenmodell.

Was passiert, wenn du nun die Luftballonhaut am Boden der Flasche vorsichtig nach unten ziehst?

Der Luftballon, der kopfüber in der Flasche hängt, wird dicker. Auch unsere echte Lunge dehnt sich, wenn die Luft einströmt. So atmen wir ein. Und wenn du die Luftballonhaut wieder loslässt, dann wird die Luft im inneren Ballon wieder herausgedrückt. So atmen wir aus.

Und was ist bei uns im Körper die Ballonhaut? Es ist das Zwerchfell, ein Muskel, der für unsere Atmung sorgt. Wenn wir schnell laufen, ist dieser Muskel besonders angestrengt. Das spüren wir dann manchmal als Seitenstechen.

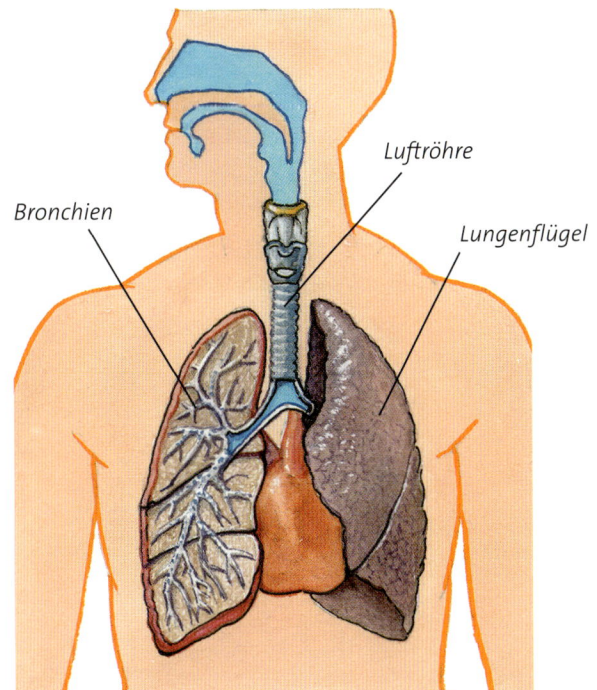

Luftröhre

Bronchien

Lungenflügel

Zum Staunen

Woher kommt der Schluckauf?

Manchmal ist es wie verhext. Hicks … hicks … Ist er einmal da, der Schluckauf, geht er nicht mehr so schnell weg. Das hat auch etwas mit unserem Zwerchfell zu tun. Eigentlich soll sich dieser Atemmuskel anspannen und entspannen, schön regelmäßig im Wechsel, und so für eine gleichmäßige Atmung sorgen. Was aber, wenn das Zwerchfell plötzlich verkrampft? Dann haben wir Schluckauf.

HICKS

LIMO

Es gibt verschiedene Ursachen für einen Schluckauf. Bei Babys kommt er häufiger vor, weil sie noch nicht so gut schlucken können. Bei größeren Kindern und Erwachsenen kann der Schluckauf durch zu viel Essen oder Sprudel ausgelöst werden oder aber weil man sich an etwas verschluckt hat.

TIPP Loswerden kannst du einen Schluckauf zum Beispiel durch Luftanhalten. Dann ist schnell zu viel schlechte Luft im Körper und das Zwerchfell bekommt das Signal, dass es wieder für frische Luft in den Lungen sorgen muss. Du kannst auch versuchen, dich auf eine ruhige Atmung zu konzentrieren.

Versuch

Vom Schlucken und Verschlucken

Das brauchst du:
▶ 2 leere Kunststoff-
flaschen mit großer Öffnung
▶ leere Toiletten-
papierrolle
▶ Schnur
▶ Schere
▶ Klebeband
▶ Stuhl
▶ Weintraube und
Zuckerperlen

1. Stelle die beiden Flaschen mit der gro-ßen Öffnung nebeneinander und klebe sie mit Klebeband zusammen. Das sind in dem Versuch deine Luft- und die Speiseröhre.

2. Die Papprolle aus dem Toilettenpapier schneidest du nun in der unteren Hälfte so auf, dass sich eine Art Rinne ergibt.

3. Diese Rolle hängst du jetzt mit der aufgeschnittenen Seite nach unten über die beiden Flaschen. Knote die Schnur dazu z.B. an einen Stuhl. Die Rinne der Toilettenpapierrolle sollte genau über der rechten Flasche hängen.

4. Wenn du jetzt von oben Zuckerperlen herunterrieseln lässt, welche die Luftteilchen veranschaulichen, wo landen sie?
In der Flasche unter der Rolle. Sie steht für die Luftröhre.
So ist das auch mit der Luft, die durch die Nase oder den Mund in den Rachen gelangt und von dort durch die Luftröhre weiter in die Lungenflügel wandert.

5. Jetzt soll aber die Weintraube hinunter durch den Hals. Was passiert, damit sie nicht in der Luftröhre landet? Den beweglichen, offenen Teil der Rolle knickst du leicht ab und hältst ihn über die andere Flasche, sodass er die rechte verschließt. Dann kann die Weintraube in die Speiseröhre kullern. Die Luftröhre ist gut verschlossen.

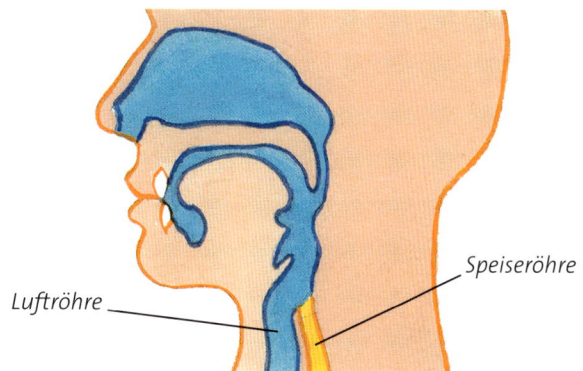

Wenn das aber mal nicht funktioniert, dann hast du dich verschluckt und musst heftig husten.

Speiseröhre

Luftröhre

Beim Schlucken wirken mehr als zwanzig Muskeln zusammen, um die Luftröhre sicher zu verschließen und die Speiseröhre freizugeben. Einer dieser Verschlüsse ist der sogenannte Kehldeckel.

VORSICHT! Keine Kleinteile in den Mund nehmen! Sie könnten in der Luftröhre landen.

Einer, der ganz viel Luft in seiner Lunge hat, ist der Wolf in der folgenden Geschichte. Es ist ein Märchen, das ursprünglich aus England stammt. Vielleicht hast du schon einmal von den drei kleinen Schweinchen gehört, die sich alle drei ein Haus bauen. Ob sie darin vor dem Wolf wirklich sicher sind?

Die drei kleinen Schweinchen

Abgewandelte Fassung eines englischen Märchens

Es war einmal eine alte Schweinemutter, die hatte drei kleine Schweinchen. Die Schweinchen aßen und wuchsen und aßen und wuchsen und irgendwann waren sie so groß, dass sie im Haus keinen Platz mehr finden konnten. Da sagte die Schweinemutter: „Ihr könnt jetzt nicht mehr bei mir bleiben, meine Kinder. Jeder muss ein Haus für sich selbst haben."

Und sie schickte sie in die große, weite Welt hinaus.

Das erste Schweinchen begegnete einem Mann mit einem Bündel Stroh. Es sagte zu ihm: „Bitte, lieber Mann, gib mir das Stroh, denn ich will mir ein Haus daraus bauen."

Da sagte der Mann: „Gib mir erst von deinen Borsten, damit ich mir eine Bürste daraus machen kann."

Da gab ihm das Schweinchen einige seiner Borsten. Der Mann reichte ihm dafür das Stroh und half ihm, das Haus aufzubauen. Vorne hatte das Haus eine große und hinten eine kleine Tür. Dann schaute das Schweinchen sein Strohhaus an und sang: „Ich habe ein schönes Haus von Stroh, ich bin so sicher und so froh. Und kommt der böse Wolf vorbei, dann ist es mir ganz einerlei."

Das zweite Schweinchen begegnete einem Mann, der ein Bündel Holz trug. Es sagte zu ihm: „Bitte, lieber Mann, gib mir das Holz, ich will mir daraus ein Haus bauen."

Da sagte der Mann: „Gib mir erst von deinen Borsten, damit ich mir eine Bürste daraus machen kann."

Da gab ihm das Schweinchen einige seiner Borsten. Der Mann reichte ihm dafür das Holz und half ihm, das Haus aufzubauen. Vorne hatte das Haus eine große und hinten eine kleine Tür. Dann schaute das Schweinchen sein

Holzhaus an und sang: „Ich habe ein schönes Haus von Holz, ich bin so sicher und so stolz. Und kommt der böse Wolf vorbei, dann ist es mir ganz einerlei."

Das dritte Schweinchen begegnete einem Mann, der zog einen Karren voll Ziegelsteine. Es sagte zu ihm: „Bitte, lieber Mann, gib mir von den Ziegelsteinen, ich will mir ein Haus daraus bauen."

Da sagte der Mann: „Gib mir erst von deinen Borsten, damit ich mir eine Bürste daraus machen kann."

Da gab ihm das Schweinchen einige seiner Borsten. Der Mann überließ ihm dafür die Ziegelsteine und half ihm, das Haus aufzubauen. Vorne hatte das Haus eine große und hinten eine kleine Tür. Dann schaute das Schweinchen sein Haus aus Ziegelsteinen an und sang: „Ich habe ein schönes Haus von Stein, es ist so sicher und so fein. Und kommt der böse Wolf vorbei, dann ist es mir ganz einerlei."

So lebte nun jedes Schweinchen in seinem eigenen kleinen Haus und jedes war glücklich und zufrieden.

Doch eines Tages kam der Wolf aus dem Wald, klopfte an die große Tür des kleinen Strohhauses und rief: „Liebes, gutes kleines Schwein, lass mich doch zu dir hinein."

Das Schweinchen aber antwortete: „Bin ganz allein, bin ganz allein, ich lass dich nicht ins Haus herein."

Da sprach der Wolf: „Ich werde strampeln und trampeln, ich werde husten und prusten und dir dein Haus zusammenpusten."

Und der Wolf strampelte und trampelte, er hustete und prustete und pustete das ganze Haus zusammen. Aber das kleine Schweinchen war nicht mehr da. Es war hinten durch die kleine Tür zum zweiten Schweinchen ins Holzhaus gelaufen.

Da ging der Wolf zum Holzhaus, klopfte vorne an die große Tür und rief: „Liebes, gutes kleines Schwein, lass mich doch zu dir hinein."

Das zweite Schweinchen aber antwortete: „Bin ganz allein, bin ganz allein, ich lass dich nicht ins Haus herein."

Da sprach der Wolf: „Ich werde strampeln und trampeln, ich werde husten und prusten und dir dein Haus zusammenpusten."

Und der Wolf strampelte und trampelte, er hustete und prustete und pustete das ganze Haus zusammen. Aber die zwei kleinen Schweinchen waren nicht mehr da, denn sie waren hinten durch die kleine Tür zum dritten Schweinchen ins Ziegelhaus gelaufen. Da ging der Wolf zum Ziegelhaus, klopfte vorne an die große Tür und rief: „Liebes, gutes kleines Schwein, lass mich doch zu dir hinein."

Das dritte Schweinchen aber antwortete: „Bin ganz allein, bin ganz allein, ich lass dich nicht ins Haus herein."

Da sprach der Wolf: „Ich werde strampeln und trampeln, ich werde husten und prusten und dir dein Haus zusammenpusten."

Und der Wolf strampelte und trampelte, er hustete und prustete, aber er konnte das Haus nicht zusammenpusten. Da wurde er schrecklich zornig und brüllte: „Warte nur, gleich habe ich dich!"

Und er machte sich daran, durch den Kamin ins Haus zu klettern. Als die drei Schweinchen merkten, was der Wolf im Schilde führte, fragte das erste Schweinchen: „Was sollen wir nur tun?"

Das zweite Schweinchen rief: „Ich will ein großes Feuer im Kamin machen."

Und das dritte Schweinchen sprach: „Ich will einen großen Topf mit Wasser in den Kamin hängen."

So machten sie sich an die Arbeit.

Nicht lange danach – das Feuer prasselte schon lustig und das Wasser brodelte – kam der Wolf den Kamin herunter und fiel in das kochende Wasser hinein. Schnell gaben die drei kleinen Schweinchen einen Deckel darauf und verschlossen den Topf. Dann tanzten sie vor Freude und sangen: „Der Wolf ist tot, der Wolf ist tot, ein Ende hat die große Not."

Dann baute sich das erste Schweinchen ein Ziegelhaus und das zweite auch und fortan lebten alle drei zufrieden und froh.

Was klopft da in meiner Brust?

Neben der Lunge gibt es ein weiteres, ganz wichtiges Organ in unserer Brust, das du sicher kennst: das Herz. Es ist so wichtig, dass darüber sogar Lieder erdacht und gesungen werden. Ohne das Herz geht gar nichts. Es pumpt das Blut, das unseren ganzen Körper versorgt, in die äußersten Ecken und Winkel.

Du kannst dein Herz hören und fühlen. Das machen übrigens auch Ärzte, wenn sie dich abhören. Sie hören nach deiner Lunge und deinem Herzen.
Sicherlich warst du schon einmal oder öfter beim Kinderarzt oder bei einer Kinderärztin. Meistens bekommst du dort eine kalte Platte auf deinen Rücken und die Brust gedrückt, an der rote oder schwarze Schläuche hängen. Dieses Instrument nennt man Stethoskop. Damit kann man eine ganze Menge hören, zum Beispiel deinen Herzschlag, die Luft, die in die Lunge strömt, oder Anzeichen für eine Erkrankung. Wo genau sind die Herztöne am stärksten? Auf der linken Brustseite etwas unterhalb der Brustwarze, richtig. Dort sitzt es nämlich, das Herz.

Versuch

Stethoskop bauen

Das brauchst du:
- Trichter
- Schlauch (z.B. fürs Aquarium)

Wenn du ein Stück Schlauch auf das Ende eines Trichters steckst, kannst du selbst wie ein Arzt deinen Herzschlag hören.

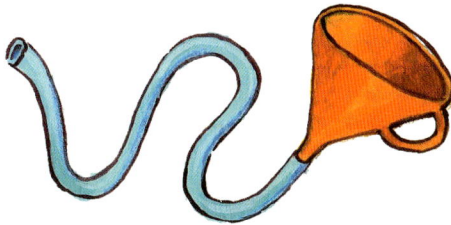

Dazu legst du die Trichteröffnung unterhalb der linken Brust an und hältst den Schlauch ans Ohr. Es muss ganz still sein, dann kannst du hören, wie das Herz pumpt. Teste es auch bei einem Freund oder einer Freundin. Wenn du es nicht so gut horen kannst, dann rennt ein paar Treppen hinauf und herunter und versucht es danach wieder. Das Herz schlägt jetzt schneller und lauter.

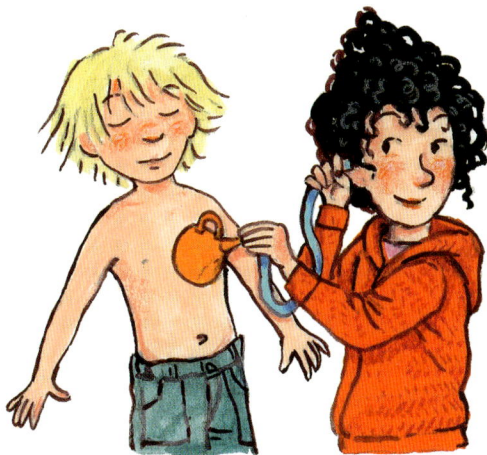

Versuch

Herzschlag sehen

Das brauchst du:
- Reißnagel
- Strohhalm
- Schere
- Knetmasse

Zunächst wird ein Strohhalm halbiert. Dann steckst du ihn auf die Spitze des Reißnagels. Damit er nicht herunterfällt, kannst du ihn mit ein bisschen Knetmasse befestigen. Nun stellst du den flachen Reißnagelkopf auf die Innenseite deines Handgelenks und hältst den Arm ganz ruhig. Am besten legst du ihn auf einen Tisch. Was kannst du jetzt am Trinkhalm beobachten?

Er zittert. Fällt dir noch etwas auf? Wenn man ganz genau hinsieht, dann sind es immer zwei Schläge kurz hintereinander. Vielleicht hast du es sogar gehört: Bum-bumm … Bum-bumm …

Das Herz ist die Pumpe für unser gesamtes Blut. Das Blut fließt durch große Adern, die sich wie Straßen durch unseren Körper ziehen. Eine solche Ader läuft auf der Innenseite des Handgelenks entlang. Da sie von den Pumpstößen bewegt wird, wackelt unser Strohhalm.

Für Eltern

Das Herz

Das menschliche Herz bedient als Pumpe gleich zwei getrennte Kreisläufe. Der eine, kleine Kreislauf schickt sauerstoffarmes Blut durch die Lungenflügel, um es mit Sauerstoff zu beladen. Der zweite, große Kreislauf pumpt dann das mit Sauerstoff beladene Blut durch den ganzen Körper. Damit das Herz fortwährend schlagen kann, besteht es aus sehr speziellen Muskelzellen, die sich von ganz alleine ohne Nervenreiz rhythmisch zusammenziehen können. Ein großer Nerv, der Vagus, kontrolliert dennoch den Herzschlag, damit die einzelnen Muskelzellen sich im Takt zusammenziehen und die Frequenz des Herzschlages an die Belastung des Körpers angepasst werden kann.

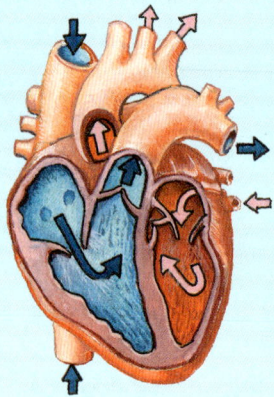

Was passiert? Der Luftballon liegt lose in der Hand und ist gleichmäßig mit Wasser gefüllt. Dann drückst du die Faust zusammen. Was geschieht jetzt? Das Wasser wird wie in eine Ballonblase über oder unter deiner Faust herausgepresst. Genauso drücken die Herzkammern das Blut in den Körper heraus.

Wie entsteht das Klopfgeräusch?

Erinnerst du dich? Das Herz funktioniert wie eine Art Pumpe. Es sorgt dafür, dass das Blut durch die Adern strömt. Aber was macht das Herz denn, dass es klingt wie ein Klopfen?

Versuch

Pumpe

Das brauchst du:
- Luftballon ▶ Wasser

Fülle einen Luftballon mit Wasser und verschließe ihn mit einem Knoten. Wenn du ihn dann in deine Faust nimmst, kannst du das Wasser hin und her drücken. Jetzt spielst du Herz! Mach die Faust locker.

Versuch

Herzklappe

Das brauchst du:
- leere Garnrolle
- Papier ▶ Schere
- Klebestreifen

1. Schneide einen kleinen Kreis aus dem Papier aus. Du kannst eine Münze als Schablone benutzen.

2. Jetzt klebst du den Kreis mit einem Klebestreifen so an die eine Öffnung der Garnrolle, dass er das Loch öffnen und schließen kann.

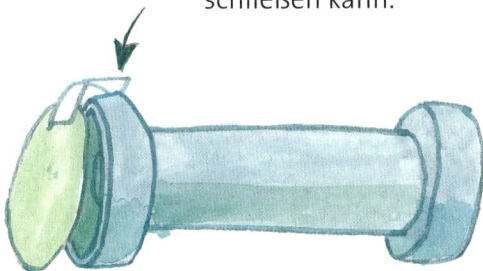

3. Setze die Garnrolle mit der anderen Seite an den Mund und blase durch die Rolle. Was passiert? Der Papierkreis wird weggedrückt. Sauge nun die Luft an. Der Papierkreis schließt die Öffnung wieder. Nun bläst du wieder durch, saugst wieder an und so weiter immer im Wechsel. Wie hört sich das an? Es zischt ein wenig, wenn du bläst, und klappt, wenn du ansaugst. So ähnlich klingt es auch in unserem Herzen, wenn sich die Herzklappen öffnen und schließen und so das Blut in den Körper lassen: Bum-bumm.

Mein Körpermodell

Herz

Das brauchst du:
▶ rotes Papier ▶ Schere
▶ Körpermodell ▶ Klebstoff

Schneide aus dem Papier ein Herz aus und klebe es in das Menschenmodell. Wo liegt es noch gleich im Körper? Ein Tipp: Nicht im Kopf …

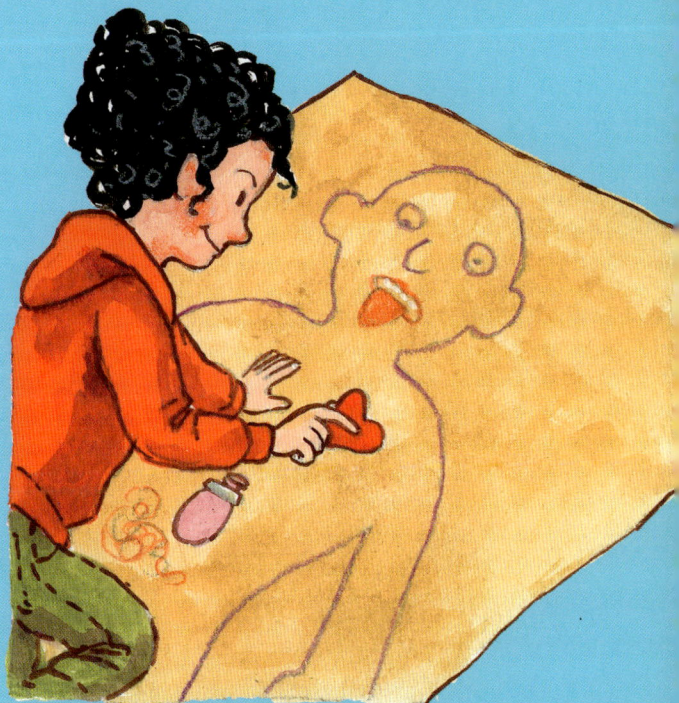

Das Herz ist ein kräftiger Muskel, der innen hohl ist. Es bewegt sich ein ganzes Leben lang, schon beim Baby im Mutterleib. Wenn es stehen bleibt, können wir nur ein paar Minuten weiterleben. Während wir die Muskeln unserer Arme bewegen können, lässt sich unser Herzmuskel keine Befehle geben.

Warum bedeutet ein Herz Liebe?

Wir malen oder verschenken Herzen, wenn wir jemand lieb haben: zum Muttertag, zum Geburtstag oder wenn Menschen ineinander verliebt sind. Manchmal drücken wir auch etwas, das wir besonders lieb haben, an unser Herz.

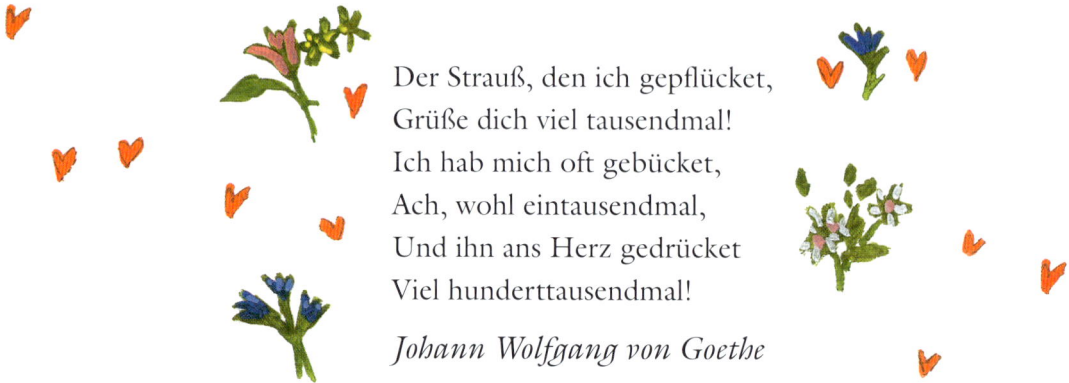

Der Strauß, den ich gepflücket,
Grüße dich viel tausendmal!
Ich hab mich oft gebücket,
Ach, wohl eintausendmal,
Und ihn ans Herz gedrücket
Viel hunderttausendmal!

Johann Wolfgang von Goethe

Vielleicht liegt es daran, dass unser Herz schneller schlägt, wenn wir verliebt sind? Oder daran, dass es so wertvoll ist, das Herz, unser wichtigstes Organ und Zentrum des Lebens? Ein Mensch mit einem besonders großen Herzen für Kinder war übrigens der

Herr von Ribbeck auf Ribbeck im Havelland

Theodor Fontane

Herr von Ribbeck auf Ribbeck im Havelland,
Ein Birnbaum in seinem Garten stand,
Und kam die goldene Herbsteszeit
Und die Birnen leuchteten weit und breit,
Da stopfte, wenn's Mittag vom Turme scholl,
Der von Ribbeck sich beide Taschen voll,
Und kam in Pantinen ein Junge daher,
So rief er: „Junge, wiste 'ne Beer?"
Und kam ein Mädel, so rief er: „Lütt Deern,
Kumm man röwer, ick gew di 'ne Beern."

So ging es viel Jahre, bis lobesam
Der von Ribbeck auf Ribbeck zu sterben kam.
Er fühlte sein Ende. 's war Herbsteszeit,
Wieder lachten die Birnen weit und breit;
Da sagte von Ribbeck: „Ich scheide nun ab.
Legt mir eine Birne mit ins Grab."
Und drei Tage drauf, aus dem Doppeldachhaus,
Trugen von Ribbeck sie hinaus,
Alle Bauern und Büdner mit Feiergesicht
Sangen „Jesus meine Zuversicht",

Und die Kinder klagten, das Herze schwer:
„He is dod nu. Wer giwt uns nu 'ne Beer?"
So klagten die Kinder. Das war nicht recht –
Ach, sie kannten den alten Ribbeck schlecht;
Der neue freilich, der knausert und spart,
Hält Park und Birnbaum strenge verwahrt.
Aber der alte, vorahnend schon
Und voll Misstrauen gegen den eigenen Sohn,
Der wusste genau, was damals er tat,
Als um eine Birn' ins Grab er bat,

Und im dritten Jahr aus dem stillen Haus
Ein Birnbaumsprössling sprosst heraus.
Und die Jahre gingen wohl auf und ab,
Längst wölbt sich ein Birnbaum über dem Grab,
Und in der goldenen Herbsteszeit
Leuchtet's wieder weit und breit.
Und kommt ein Jung' übern Kirchhof her,
So flüstert's im Baume: „Wiste 'ne Beer?"
Und kommt ein Mädel, so flüstert's: „Lütt Deern,
Kumm man röwer, ick gew' di 'ne Beern."

So spendet Segen noch immer die Hand
Des von Ribbeck auf Ribbeck im Havelland.

Wohin führen die dünnen Straßen unter meiner Haut?

Sind dir diese blau schimmernden Linien unter deiner Haut auch schon aufgefallen? Sie ziehen sich an den Armen und Beinen entlang. An den Händen und Füßen kann man sie sehen, am Hals und manchmal auch im Gesicht. Eigentlich sind sie überall, die Adern. Und wozu haben wir sie?

Versuch

Herzkraft und Schwerkraft

Das brauchst du:
- Stoppuhr

Stelle dich hin, halte einen Arm senkrecht in die Höhe und lasse den anderen herabhängen. Jetzt stoppst du die Zeit mit der Stoppuhr. Nach einer Minute nimmst du den Arm wieder herunter und vergleichst beide Arme. Fällt dir etwas auf?
Der Arm, den du hochgehalten hast, ist heller als der andere. Warum?

Die Schwerkraft hat das Blut leicht aus dem Arm in Richtung Rumpf und Herz fließen lassen.
Aus dem anderen Arm, der herunterhing, musste es erst zurückgepumpt werden.

Zum Beobachten

An- und Abtransport

Das brauchst du:
- Taschenlampe
- Spiegel

Mit einer starken Taschenlampe kannst du sehr gut durch deine Finger leuchten und Adern sehen. Schau genau hin, wie fein die Verästelungen sind. Und wenn du deine Zunge anhebst, was fällt dir da auf? Es gibt blau und eher rot schimmernde Adern. Sie heißen Venen und Arterien.

Die roten Arterien leiten Blut, das in der Lunge mit Sauerstoff beladen wurde. Sie führen vom Herzen weg und sorgen dafür, dass auch der letzte Winkel unseres Körpers mit allem versorgt wird, was er braucht. Die bläulichen Venen leiten das Blut aus dem Körper zum Herzen zurück. Von dort wird es zur Lunge transportiert und wieder mit Sauerstoff beladen. Venen haben eine besonders schwierige Aufgabe zu bewältigen. Sie helfen dabei, das Blut aus dem entlegensten Winkel des Körpers, deinen Füßen, wieder bis zum Herzen zu befördern. Dabei müssen einige gegen die Schwerkraft arbeiten. Kleine Klappen verhindern das Zurückfließen des Blutes.

Mein Körpermodell

Blutkreislauf

Das brauchst du:
- Körpermodell
- rote Wolle
- blaue Wolle
- Klebstoff

Wie werden wohl die Arterien und Venen im Körper verlaufen?
Versuche, sie mit der roten und blauen Wolle in das Körpermodell zu kleben. Die roten Arterien beginnen am Herzen und verzweigen sich ständig weiter bis in die äußersten Enden unseres Körpers. Die blauen Venen schließen direkt daran an und nehmen das Blut auf dem Rückweg wieder mit zum Herzen.

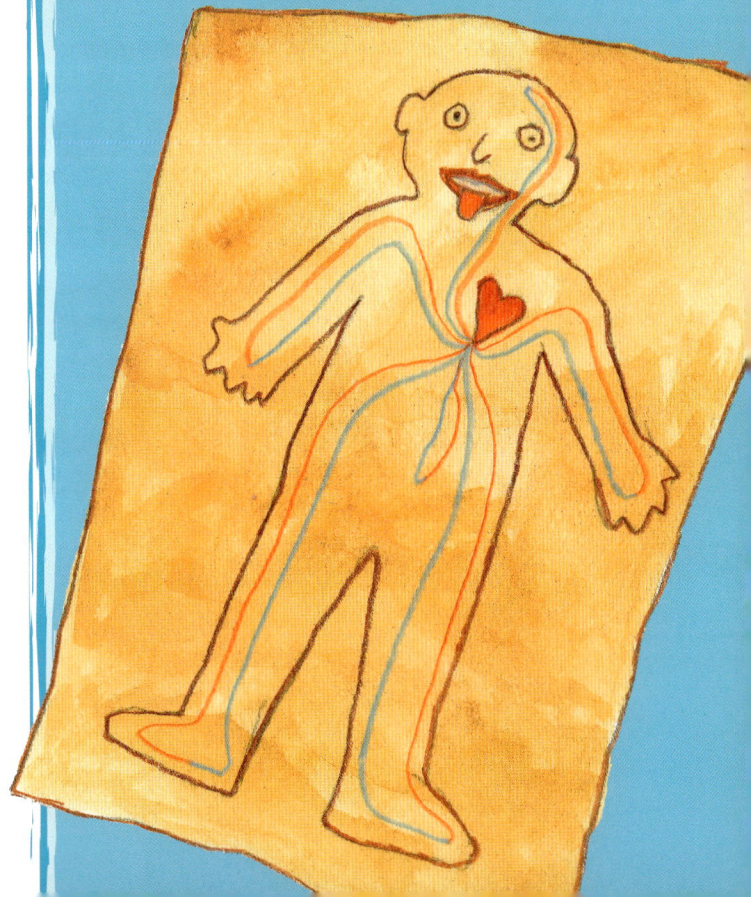

Warum entsteht eine Kruste, wenn ich blute?

Bestimmt hast du dich schon einmal verletzt, sodass es geblutet hat. Und was ist dann passiert? Irgendwann hat das Blut wieder aufgehört zu fließen und es hat sich eine braune Kruste gebildet. Aber warum? Überleg mal. Was passiert, wenn in eine Burgmauer ein Loch geschossen wurde?

An der offenen Mauerstelle wird dann ein Bauzaun errichtet und eine Wache davorgestellt, damit keine Eindringlinge die Burg überfallen. Dahinter bauen fleißige Handwerker die Mauer wieder auf. So etwas Ähnliches passiert auch, wenn sich über einer Wunde eine Kruste bildet. Diese verhindert das Eindringen von Bakterien.

Versuch

Krustenbildung

Das brauchst du:
- Unterlage aus Holz, Kork oder Moosgummi
- kleine Nägel
- evtl. Hammer
- Faden
- rote Papierschnipsel

1. Stecke mit den Nägeln einen Kreis. Wenn es nötig ist, hilfst du mit dem Hammer nach. Achte nur darauf, dass du eine Unterlage hast, auf der du das machen darfst.

2. Jetzt nimmst du den Faden, knotest ihn an einem Nagel fest und führst ihn um den Nagel auf der gegenüberliegenden Seite. Dann wird der Faden wieder auf die andere Seite um den Nagel neben dem ersten gelegt und immer so weiter, bis sich eine Art Sternform ergibt. Nimm jetzt die Papierschnipsel und webe sie in das Fadengeflecht.

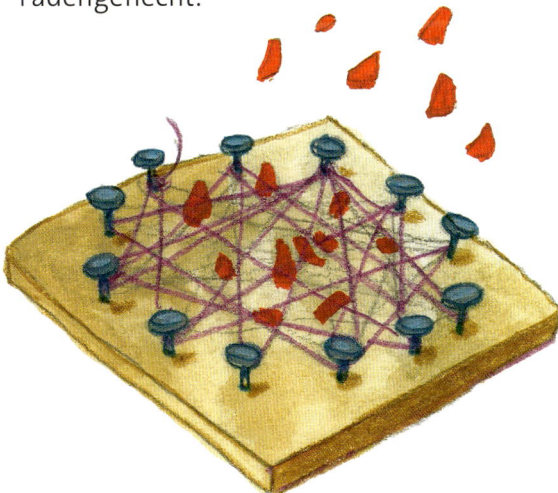

Solch ein Netz aus Fasern bildet sich bei einer blutenden Verletzung aus dem Blutplasma, einem Teil des Bluts. Hierin verfangen sich die roten Blutkörperchen und bilden dann eine feste Kruste. Darunter bauen die Zellen durch Teilung die verletzte Haut eifrig wieder auf. Die Kruste fällt dann nach ein paar Tagen ab – oder wird von dir weggekratzt, weil sie so juckt. Und wenn das Loch in der Mauer unserer Burg vollständig geschlossen ist, wird der Bauzaun auch wieder abgerissen.

Erste Hilfe

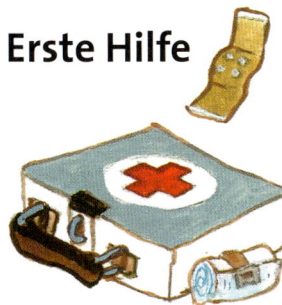

Um eine kleine Verletzung vor Verschmutzung zu schützen und die Blutung auch ein wenig zu stillen, benutzen wir meist Pflaster. Am Arm oder auf dem Knie sind sie ganz leicht aufzutragen. Bei einer Wunde am Finger oder Zeh ist es etwas schwieriger.
So wird es richtig gemacht, wenn die Fingerkuppe verletzt ist:

Bei einer Verletzung weiter unten am Finger sollte das Pflaster etwas schräg über die Wunde geklebt werden, damit der Blutfluss nicht behindert wird.

Was wird auf der Blut-autobahn transportiert?

Hat das Blut noch mehr als Sauerstoff geladen? Was meinst du? Was braucht unser Körper noch? Energie. Die erhalten wir aus unserer Nahrung. Wo muss das Blut also überall vorbeikommen, um alles einzupacken, was unser Körper braucht?

Bei seinem Transport durch den Körper legt das Blut einen langen Weg zurück. Es fließt an der Lunge vorbei, um Sauerstoff zu laden. Von der Leber und den Fettpolstern, den Vorratskammern unseres Körpers, holt es sich die Nährstoffe. Die Leber übt eine Art Eingangskontrolle aus. Alle Nährstoffe kommen vom Darm erst einmal dorthin und danach in die Lagerung. Die Transporter in unserem Blut sind übrigens die schlauchbootartigen roten Blutkörperchen. Es gibt auch noch weiße, das sind die Ritter zur Verteidigung gegen Angreifer, z. B. Bakterien oder Viren.

Vom Herzen wird das Blut in regelmäßigem Rhythmus durch die Adern gepumpt. Dabei bewegt dieser lebenswichtige Muskel etwa 300 Liter Blut in der Stunde. Es fließt mit hohem Druck und großer Geschwindigkeit durch die Adern.

Versuch

Blutdruck

Das brauchst du:
- 2 Einwegspritzen (ohne Nadel)
- dünner Kunststoffschlauch
- rote Lebensmittelfarbe
- Wasser

1. Damit das Wasser wie Blut ausschaut, kannst du es mit Lebensmittelfarbe in einer Schüssel rot einfärben. Das rote Wasser wird dann in eine Einwegspritze gezogen. Kannst du auch den Schlauch mit dem farbigen Wasser füllen? Dazu musst du ihn so ins Wasser halten, dass die Luft auf einer Seite entweichen kann.

2. Jetzt steckst du die eine Seite des Schlauchs auf die mit rotem Wasser gefüllte Spritze und die andere Seite auf die leere Spritze.

Der Schlauch sollte schön dicht auf den Spritzen sitzen, sodass kein Wasser entweicht.

3. Versuche nun, das Wasser aus der gefüllten Spritze in den Schlauch zu drücken. Was passiert? Es fließt durch den Schlauch in die andere Spritze und drückt den Kolben heraus. Je stärker du drückst, desto schneller gelangt es auf die andere Seite. So fließt auch das Blut durch die Adern.

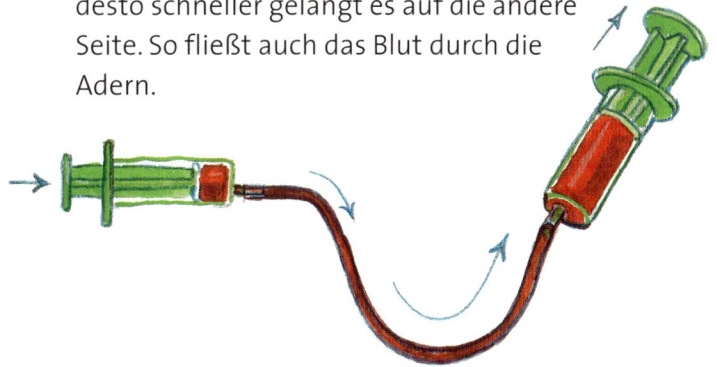

Was ist, wenn es Stau gibt beim Bluttransport?

Es kann – vor allem bei älteren Menschen – passieren, dass sich Fette und Kalk an den Innenwänden der Adern ablagern und dem Blut den Weg verengen. Und dann? Drücke den Schlauch mit den Fingern zusammen. Was merkst du?
Du musst fester auf die Spritze drücken, damit das Wasser auf die andere Seite fließt. Und wenn du den Schlauch ganz zusammendrückst oder abknickst, was ist dann? Das Wasser kann jetzt gar nicht mehr fließen. Genauso ist es mit dem Blut, wenn sich die Adern verengen. Das nennt man Infarkt. Um dem vorzubeugen, sollte man auf gesunde Ernährung mit wenig Fett achten und Sport treiben.

Zum Schluss muss alles wieder raus!

Wir atmen die ganze Zeit Luft ein, wir essen und trinken. Wenn das immer so weiterginge, würden wir ja ständig größer und dicker und müssten irgendwann platzen. Das ist natürlich nicht der Fall. Eine ganze Menge des Sauerstoffs und der Nährstoffe verbraucht unser Körper. Und was passiert mit dem Rest? Der muss entsorgt werden, so wie die Abfälle auf einer Burg.

Und was geschieht dann mit dem ganzen Müll?

Die Burgbewohner schmeißen den festen Abfall über die Mauer, verbrennen ihn oder versuchen, ihn wiederzuverwerten, indem sie zum Beispiel daraus Kompost machen. Flüssiger Abfall wird in den Burggraben oder einfach über eine Rinne in einen Bach abgeleitet.

Der Körper geht ganz ähnlich vor. Um die Abfallstoffe loszuwerden, drückt das Herz unser Blut durch zwei Arten von Filter: die Leber und die Nieren. Was die Leber aussortiert, wird entweder abgebaut oder landet im Darm. Und was für die Nieren unnütz ist, landet in der Blase. Das heißt dann Harn oder Urin. Du nennst es wahrscheinlich Pipi. Den festen Abfall, der von der Nahrung übrig ist, scheiden wir am Ende des Darms aus. Beides landet schließlich in der Toilette.

Zum Staunen

Der Naturkreislauf

In der Natur beginnt mit diesen Ausscheidungen dann ein Kreislauf. Ob fest oder flüssig, der Abfall wird auseinandergebaut. Dabei helfen auch Bakterien. Dann können diese einzelnen Bauteile wieder neu in den Kreislauf der Natur einsteigen.

Übrigens wird auch das Schmutzwasser durch Sieben, Filtern und die Hilfe von Bakterien in Kläranlagen gereinigt. Das, was dann übrig bleibt, wird verbrannt oder, wenn es nicht zu viele Schadstoffe enthält, als Bodenverbesserer in der Landwirtschaft genutzt.

Glossar

Angina Eine Entzündung der Gaumenmandeln im Hals nennt man eine Angina. Ursache hierfür können Bakterien oder Viren sein.

Arterie Eine Ader, die Blut vom Herzen wegleitet, heißt Arterie. Im großen Blutkreislauf durch den ganzen Körper fließt das mit Sauerstoff beladene Blut durch die Arterien.

Bakterien Das sind Kleinstlebewesen, die sich durch einfache Teilung vermehren.

Chemie So bezeichnet man die Wissenschaft, die sich damit beschäftigt, wie die Stoffe unserer Umwelt aufgebaut sind und wie sie sich verhalten und verändern, wenn sie miteinander reagieren.

Frequenz Das ist ein anderes Wort für Häufigkeit.

Gelenk Die Verbindung zwischen zwei Knochen nennt man Gelenk, wenn sie sich an dieser Stelle bewegen lassen. Auch in der Technik wird der Begriff verwendet.

Grippe Grippe, die echte Influenza, wird durch einen Virus verursacht und führt zu einer Erkrankung mit Fieber, Kopf- und Gliederschmerzen.

Infektionserkrankung Wenn eine Krankheit durch einen Erreger von außen verursacht wird, z. B. durch Bakterien oder Viren, dann nennt man das Infektionserkrankung.

Iris Die Iris ist das Farbige im Auge. Deshalb wird sie auch Regenbogenhaut genannt. Sie reguliert mit ihrer schwarzen Öffnung, der Pupille, den Lichteinfall ins Auge.

Isolator/isolieren Etwas zu isolieren, bedeutet, etwas oder jemand vor etwas anderem abzuriegeln oder zu schützen. Im Zusammenhang mit Wärme und Kälte bedeutet es, die Wärme zu speichern oder die Kälte abzuhalten.

Keuchhusten Diese Kinderkrankheit wird von Bakterien verursacht. Sie führt zu einem eigenartigen Husten, bei dem man erst sehr scheppernd und abgehackt hustet und dann zwanghaft Luft einsaugt. Diese Krankheit ist für Kleinkinder unter einem Jahr sehr gefährlich. Deshalb werden die meisten Kinder früh dagegen geimpft. Auch Erwachsene können Keuchhusten bekommen.

Knochenmark Das Innere vieler Knochen ist nicht hart und weiß, sondern weich und rot. Im Knochenmark wird unser Blut gebildet.

Kohlenhydrate So bezeichnet man Zucker, den wir mit unserer Nahrung aufnehmen. Beispielsweise gibt es Milchzucker, Fruchtzucker, Traubenzucker und als nicht süße Form Stärke.

Lungenentzündung Eine Entzündung der Lunge ist eine schwere Erkrankung und vor der Entdeckung von Antibiotika sind viele Menschen daran gestorben.

Lupe Eine Lupe ist ein rundlich geschliffenes Glas, durch das alles größer aussieht.

Masern Masern werden durch Viren verursacht und gehören zu den sogenannten Kinderkrankheiten. Diese Erkrankung schwächt den Kranken erheblich. Typisch ist der rote Ausschlag auf der Haut. Eine vorsorgliche Impfung wird dringend empfohlen.

Membran Eine Membran bezeichnet ein sehr dünnes Häutchen.

Mikroskop Mit einem Mikroskop kann man winzig kleine Dinge wie zum Beispiel Zellen oder Bakterien, die man mit bloßem Auge nicht erkennt, stark vergrößern und so sichtbar machen.

Mittelalter Die Zeit nach der Römerzeit, als in unserem Land Burgen gebaut wurden und viele kleine Herzogtümer bestanden, nennt man das Mittelalter. In dieser Zeit gab es auch Ritter.

Modell So nennt man eine meist kleine Abbildung der Wirklichkeit. Oft vereinfachen Modelle die echte Welt.

Nährstoffe Das sind all die Stoffe in unserer Nahrung, die unser Körper durch Stoffwechsel, also Umbau im Körper, für sich nutzen kann.

Nasennebenhöhlen Im menschlichen Kopf gibt es im Gesichtsbereich einige Hohlräume, so neben der Nase (Nebenhöhlen) oder hinter den Augenbrauen (Stirnhöhlen).

Organ Ein Teil unseres Körpers, der eine bestimmte Aufgabe im Körper erfüllt und sich aus einem bestimmten Gewebe zusammensetzt, wird Organ genannt. Das Wort kommt aus dem Griechischen und bedeutet Werkzeug.

Oxidation/oxidieren So bezeichnet man den Vorgang, wenn sich Sauerstoff mit einem anderen Stoff verbindet.

Pocken Diese Viruserkrankung führt in vielen Fällen zu schweren Folgeschäden und sehr häufig zum Tod. Daher wurde sie durch massive Impfprogramme bekämpft und gilt seit 1980 als ausgerottet.

Proteine Proteine sind das Gleiche wie Eiweiße. Sie sind die Bausteine aller Zellen und bestehen aus langen, verknäulten Ketten von Aminosäuren.

Rezeptor Das ist ein anderes Wort für Empfänger. Hiermit werden die Informationen aufgenommen.

Rückenmark Das Rückenmark verläuft im Wirbelkanal, einem Hohlraum in unseren Wirbeln.

Sensoren Das ist ein anderes Wort für Fühler.

Signal Ein Signal ist ein anderes Wort für Zeichen. Es kann gut sichtbar oder hörbar sein. Ein Martinshorn auf einem Notarztwagen ist zum Beispiel ein gut hörbares Warnsignal.

Speichel Das ist Spucke.

Stethoskop Das ist das Instrument, mit dem Ärzte Herz und Lunge abhören. Es hat eine empfindliche Membran, die auf die Haut gehalten wird. Durch zwei Schläuche werden die Geräusche geleitet und erreichen dann das Ohr des Arztes.

Tetanus Das Bakterium, das Tetanus oder den Wundstarrkrampf auslöst, findet sich überall in unserer Umwelt, z.B. in Staub und Gartenerde. Es dringt durch Wunden in den Körper ein und befällt die Nerven, die unsere Muskeln steuern. Das führt zu Lähmungen und Krämpfen und endet oft tödlich. Deshalb wird die Tetanusimpfung dringend empfohlen.

Vene Eine Ader, die Blut zum Herzen leitet, heißt Vene.

Viren Sie sind die kleinsten uns bekanntesten Parasiten und können sich nur durch eine Wirtszelle vermehren. Viren sind nicht lebendig.

Vitamin Vitamine sind unentbehrliche Bestandteile unserer Nahrung. Sie geben uns zwar keine Energie, haben aber andere wichtige Funktionen in unserem Körper.

Wundstarrkrampf Das ist der deutsche Name für die Krankheit, die der Arzt auch Tetanus nennt.

Zelle Das ist der kleinste Baustein des Lebens. Viele Geschöpfe auf der Erde sind aus einer Vielzahl von Zellen zusammengesetzt, andere, wie z.B. Bakterien, bestehen nur aus einer einzigen Zelle.

Auflösung

Seite 26 Von oben nach unten: Krokodil, Elefant, Schlange

Seite 31 Die beiden Insekten Marienkäfer und Schmetterling haben keine Knochen.

Seite 76/77 Hohes/Tiefes Holzblasinstrument: Klarinette/Fagott
Hohes/Tiefes Blechblasinstrument: Trompete/Tuba
Hohes/Tiefes Streichinstrument: Geige/Kontrabass

Noch mehr Bücher für echte Forscher!

Kinder wollen die Welt verstehen und sie möchten wissen, warum etwas ist, wie es ist. Diese Bücher gehen den Kinderfragen des Alltags auf den Grund. Abwechslungsreiche Bilder und Geschichten laden zum Nachdenken ein, einfache Experimente und Spiele locken die Nachwuchsforscher auf die richtige Spur und verständlich geschriebene Sachtexte erklären den naturwissenschaftlichen Zusammenhang.

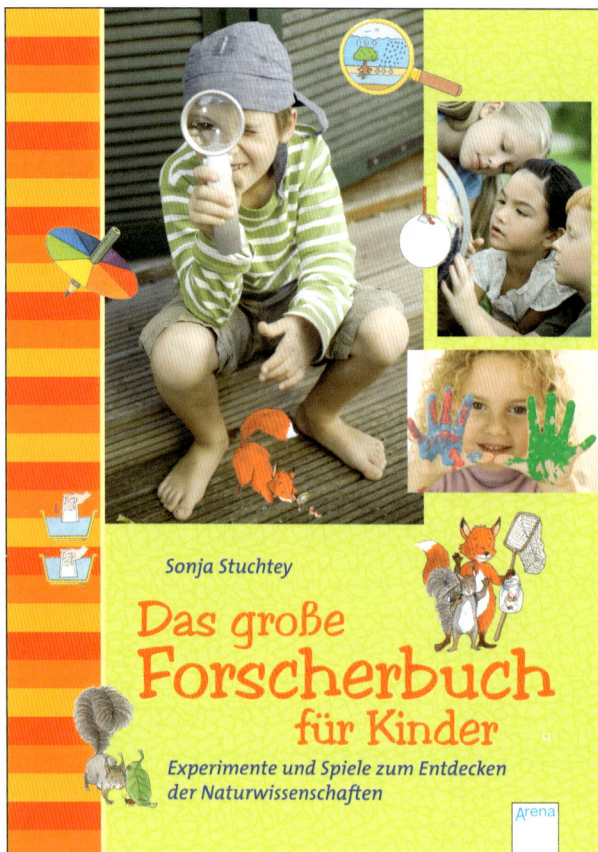

Ab 4 Jahren
Sonja Stuchtey

Das große Forscherbuch für Kinder

Experimente und Spiele zum
Entdecken der Naturwissenschaften

Durchgehend farbig illustriert
Gebunden · 96 Seiten
ISBN 978-3-401-09097-9
www.arena-verlag.de

Arena

- Für Kindergarten und Grundschule
- Von den Machern der Bildungsinitiative Science-Lab
- In Kinderkursen regelmäßig erprobt und verbessert
- Naturwissenschaftlich fundiert und am Lernstand der Kinder orientiert

Ab 7 Jahren
Heike Schettler

Das große Forscherbuch für Grundschulkinder

Spannende Experimente zum Entdecken und Verstehen der Naturwissenschaften

Durchgehend farbig illustriert
Gebunden · 96 Seiten
ISBN 978-3-401-09724-4
www.arena-verlag.de

Arena

Sonja Stuchtey ist Diplom-Kauffrau und Mutter von fünf Kindern. Inspiriert durch die drängenden Fragen ihrer Kinder und aus Begeisterung für die Neugier von Kindern an Naturwissenschaften gründete sie 2002, zusammen mit der Physiochemikerin Dr. Heike Schettler, die mehrfach preisgekrönte Bildungsinitiative *Science-Lab*. Sonja Stuchtey lebt mit ihrer Familie im Raum München.

Patrick Baeuerle ist Molekularbiologe, Honorarprofessor für Immunologie an der Universität München und Vorstand für Forschung und Entwicklung des US-amerikanischen biopharmazeutischen Unternehmens Micromet. Neben vielen wissenschaftlichen Artikeln hat er vier Kindersachbücher zu biologischen Themen geschrieben.

Volker Fredrich wurde 1966 in Mühldorf am Inn geboren. Er studierte Illustration an der Fachhochschule Hamburg. Seit 1996 illustriert er Kinderbücher für verschiedene Verlage. Er lebt mit seiner Familie in Hamburg.

Manfred Rohrbeck hat sich nach einer Ausbildung zum Theatermaler und einem Studium in Malerei und Grafik hauptsächlich der Buchillustration verschrieben. Ob Märchen oder die reale Welt, für Groß oder Klein – die Vielfältigkeit der Themen ist für ihn das Spannende an seiner Arbeit.

Bildquellen

Picture-Allience: S. 13, 15, 17, 26, 43, 76, 77, 85

akg-images: S. 9

Imago: S. 19, 26, 27, 31, 43, 49, 69, 76, 77, 79, 81

Agentur Focus: DR. TONY BRAIN & DAVID PARKER / SPL, S. 20

Coverfoto: © Agentur Kunterbunt, Heidi Velten

FSC
Mix
Produktgruppe aus vorbildlich
bewirtschafteten Wäldern,
kontrollierten Herkünften und
Recyclingholz oder -fasern
Zert.-Nr. SGS-COC-003210
www.fsc.org
© 1996 Forest Stewardship Council

1. Auflage 2011
© Arena Verlag GmbH, Würzburg
Alle Rechte vorbehalten
Medizinische Illustrationen rund um den Körper: Manfred Rohrbeck
Alle sonstigen Illustrationen: Volker Fredrich
Gestaltung und Satz: Punkt und Komma, Claudia Böhme, Würzburg
Gesamtherstellung: Westermann Druck Zwickau GmbH
ISBN 978-3-401-09872-2

www.arena-verlag.de